Make the future great again

Blaise Mao
Rédacteur en chef
d'Usbek & Rica

W0215818

« QUI AURAIT PU PRÉDIRE la crise climatique aux effets spectaculaires, encore cet été, dans notre pays ? » Le 31 décembre 2022, dès la deuxième minute de ses vœux aux Français, Emmanuel Macron lâche cette phrase. Un aveu d'impuissance à la fois maladroit, déconcertant et préoccupant de la part d'un homme qui, cinq ans plus tôt, s'engageait devant le monde entier à *« make the planet great again »*. Un président ne devrait pas dire ça. D'ailleurs, deux semaines plus tard, il tournait une vidéo pour expliquer qu'il avait été *« mal compris »* et pensait plutôt passer le message *« qu'au fond,* [le réchauffement climatique] *a été plus vite que prévu »*.

L'été de toutes les surprises

Peu importe, finalement. Car la phrase qui comptait vraiment dans ces vœux présidentiels cuvée 2022 n'est pas celle que tout le monde a retenue. En introduction de son propos, Emmanuel Macron disait ceci : *« Les cérémonies de vœux* [...] *obligent à parler d'un futur qu'en vérité on ne connaît pas, dont nous savons pourtant avec certitude que nous devrons l'affronter. »* Cette fois, difficile de ne pas accorder du crédit au président en fonction.

Prédire l'avenir est un art délicat. Il suffit, pour s'en convaincre, de jeter un coup d'œil à la très riche actualité de l'été 2024. Projetons-nous six mois en arrière et faisons l'exercice. Qui, alors, aurait imaginé que la France resterait dirigée durant soixante jours par un gouvernement démissionnaire ? Qui aurait pu prévoir que Michel Barnier, vénérable représentant de la droite traditionnelle, deviendrait Premier ministre dans la foulée d'élections législatives ayant pourtant vu la gauche arriver en tête ? Qui aurait pu prédire que Donald Trump allait subir une tentative d'assassinat en plein meeting, puis une autre deux mois plus tard lors d'une partie de golf ? Ou que Kamala Harris serait propulsée candidate du camp démocrate à un peu plus de cent jours de la présidentielle américaine, en lieu et place d'un Joe Biden en perdition ? Qui aurait parié sur le fait que la France allait envoyer en garde à vue Pavel Durov, le fondateur de la messagerie Telegram, et obtenir de lui qu'il commence à coopérer avec la justice dans des affaires de terrorisme et de pédocriminalité ? Enfin, s'ils en rêvaient depuis quinze ans, combien de fans d'Oasis auraient misé un kopeck sur la reformation du groupe le temps d'une tournée des stades britanniques à l'été 2025 (et peut-être plus si affinités) ?

Être utile, préparer l'avenir

Oui, décidément, le futur ressemble rarement à ce qu'on imagine. Chez *Usbek & Rica*, c'est aussi pour ça qu'on l'aime et qu'on l'explore depuis bientôt quinze ans. Cet horizon nous obsède tellement qu'il a fini par s'imposer comme le nouveau nom de la revue que vous tenez entre les mains : *« Usbek & Rica, le magazine qui explore le futur »* devient *« FUTU&R, le magazine d'Usbek & Rica »*. Un virage – ou plutôt un renversement – somme toute assez logique : après avoir passé quinze ans à expliquer notre héritage (les Lumières, Montesquieu, etc.), il nous a semblé essentiel de mettre en avant celui que nous souhaitons laisser aux générations à venir. D'où cette *baseline* en forme d'appel à l'action concernant le futur, notre futur à tous : *« Prenez-le en main ! »* Il est vrai qu'on ne fait pas un journal pour la beauté du geste. Les enjeux sont trop importants pour se le permettre. Au-delà du simple plaisir de lecture, il s'agit de donner à voir le monde de demain en actes, et pas seulement en mots. C'est notre aspiration, mais aussi celle de nos lecteurs les plus fidèles, qui, chaque fois qu'on les rencontre, nous expliquent qu'ils partagent nos constats, notre vision du monde, mais qu'ils veulent maintenant *« aller plus loin »*, dans une forme d'impatience constructive. Ce magazine a donc été (re)pensé comme un outil pour y parvenir. Ainsi que nous l'écrivions en janvier 2012, dans l'édito de notre cinquième numéro : *« Nous ne sommes pas là pour prédire l'avenir, seulement pour le préparer. »* C'est plus que jamais d'actualité.

Un sandwich plus digeste

Pour être à la hauteur de cette ambition, nous avons rafraîchi notre sommaire : moins de pages, une maquette moins dense, un seul grand dossier, des sujets plus incarnés et plus vivants, des formats d'écriture plus rythmés, des rubriques mieux fléchées, des encarts sur les coulisses de certains reportages et de nouveaux rendez-vous délibérément légers (un « quiz » pour clore le dossier, p. 64 ; un « cahier d'exercices du futur » pour cultiver son imagination sans se prendre trop au sérieux, p. 154).

En travaillant sur cette nouvelle formule, nous avions en tête une petite phrase, bienveillante mais cash, prononcée il y a quelques mois par un compagnon de route d'*Usbek & Rica* qui s'y connaît en matière de presse papier : *« C'est super, votre revue, mais il y a un côté sandwich au pain… »* Un pain complet, savoureux, roboratif, aussi tendre que croustillant, mais pas toujours évident à digérer. Alors, nous avons révisé notre recette.

Mais les ingrédients restent les mêmes. D'abord, une curiosité intellectuelle qu'on espère contagieuse et un ton qui ne sacrifie pas la pop culture sur l'autel de l'exigence éditoriale. On peut aimer à la fois Léon Marchand et Octavia Butler, la politique politicienne et celle d'Aristote, Edgar Morin et Taylor Swift. Ensuite, la conviction que le futur s'écrit aussi – surtout ? – loin de Paris, Londres et San Francisco. D'où la création de la rubrique « Loin d'ici », dans laquelle nous traduisons un article venu d'ailleurs et explorant un futur « désoccidentalisé ». Cette diversité des regards, elle s'exprime également à travers notre identité graphique, qui laisse une large place à l'illustration pour permettre de dessiner des chemins d'avenir au-delà des mots. Depuis toujours, *Usbek & Rica* ouvre ses pages à des créateurs du monde entier – à l'image de Choi Haeryung, l'artiste sud-coréenne qui a illustré la couverture et le dossier central de ce numéro –, et ce n'est pas près de changer. Enfin, nous conservons une volonté de faire de la prospective une mécanique intellectuelle partagée, un exercice de pensée quotidien, presque banal, comme on ferait son yoga ou sa gymnastique matinale. S'obliger à tester le futur dans sa tête, c'est la meilleure manière de se préparer à y vivre. Et donc de s'adapter, parfois dans l'urgence.

Parce qu'il a beau être mystérieux, vertigineux, passionnant, le futur demeure imprévisible. Qui sait, à l'heure où vous lirez ces lignes, la France aura peut-être déjà changé de Premier ministre, et les frères Gallagher auront de nouveau déterré la hache de guerre... •

Au sommaire

Veille

Décryptage

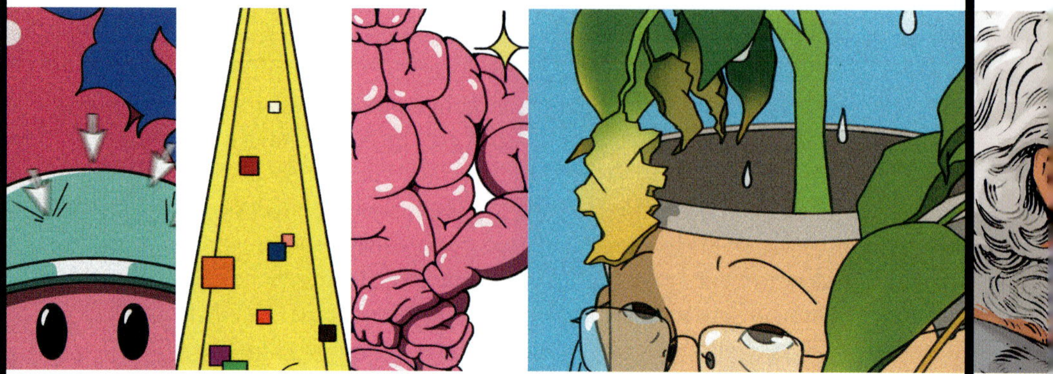

Dossier
Comment protéger nos cerveaux

Croulant sous les sollicitations, les notifications et les informations, nos cerveaux sont en surchauffe. Dans le même temps, les neurosciences sont invoquées pour promettre (et vendre) à peu près tout. Il semble donc urgent de préserver notre précieux organe des assauts multiples auxquels il est soumis.

Best of

L'IDÉE DU TRIMESTRE :

Coach en démission

Au Japon, l'agence Momuri *« aide les employés timides à quitter leur patron intimidant »*, ces derniers ignorant parfois les lettres de démission qu'ils reçoivent. Comptez 22 000 yens (135 euros) pour s'adjoindre ses services.

L'INNOVATION DU TRIMESTRE :

Sarco

Cette capsule permet de mettre fin à ses jours sans aide extérieure. Il suffit d'appuyer sur un bouton qui libère de l'azote, entraînant une perte de conscience, puis une mort rapide et sans douleur.

LE FILM DU TRIMESTRE :

Sous la Seine

Le long-métrage de Xavier Gens mettant en scène des requins agressifs à Paris s'est classé numéro un sur Netflix dans 70 pays, avec 40,9 millions de vues cinq jours seulement après sa mise en ligne.

L'INTERDICTION DU TRIMESTRE :

Le smartphone

Depuis la rentrée de septembre, aux Pays-Bas, les téléphones portables sont interdits dans l'ensemble des écoles primaires et secondaires. Une décision prise pour lutter contre la distraction et favoriser la concentration des élèves. Dans le même temps, en France, 199 collèges se sont désignés volontaires pour tester une interdiction totale du portable.

LA FEMME DU TRIMESTRE :

Kamala Harris

Le 21 juillet 2024, à cent jours de l'élection, et sous la pression populaire, Joe Biden, 81 ans, renonçait finalement à se présenter pour un nouveau mandat. Depuis, le monde n'a d'yeux que pour Kamala Harris, sa vice-présidente, qui pourrait devenir le 5 novembre prochain la première présidente des États-Unis si elle l'emporte face à Donald Trump.

LA DÉCOUVERTE DU TRIMESTRE :

La pollution lumineuse favorise Alzheimer

Selon des chercheurs de l'université Rush (Illinois), *« il existe une corrélation positive entre la prévalence de la maladie d'Alzheimer et la lumière artificielle nocturne, en particulier chez les moins de 65 ans »*.

L'APPLI DU TRIMESTRE :

Strava

L'application, qui permet d'enregistrer ses performances sportives par GPS, a pris ces derniers mois une nouvelle dimension. À mi-chemin entre le réseau social et le site de rencontre, Strava est utilisé désormais pour nouer des amitiés et rencontrer son âme sœur (et bien musclée). Un virage rendu possible par l'apparition en décembre 2023 d'une fonctionnalité permettant d'envoyer des messages privés.

LA RECO DU TRIMESTRE :

BADMINTON VS SEXE

En août 2024, le Bureau de l'éducation de Hong Kong a recommandé aux adolescents de la région de jouer au badminton pour mieux *« maîtriser leurs désirs sexuels »* et éviter les rapports avant le mariage.

L'HOMME DU TRIMESTRE :

Pavel Durov

Le 24 août dernier, le fondateur de Telegram, une messagerie très controversée, a été arrêté à Paris. En cause : la *« fourniture de prestations de cryptologie visant à assurer des fonctions de confidentialité sans déclaration conforme »*. Deux semaines plus tard, on apprenait que Telegram, qui refusait jusqu'alors de collaborer, avait répondu à plusieurs demandes d'informations dans le cadre d'enquêtes sur des faits de pédocriminalité.

LE HASHTAG DU TRIMESTRE :

#BratSummer

Sur TikTok, l'été a été rythmé par la « brat dance ». Une chorégraphie étrange, associée aux couleurs noir et vert néon, en forme d'appel à l'audace et à l'authenticité. Cette danse a été reprise des millions de fois sur le réseau social après la sortie en juin 2024 d'un album de la chanteuse Charli XCX intitulé *Brat* (« sale gosse » en anglais).

LE COME-BACK DU TRIMESTRE :

INTERVILLES

Émission culte des années 1980, *Intervilles* fera son (énième) retour sur l'antenne de France 2 à l'été 2025. Avec Nagui derrière le micro et, on l'espère, toujours autant de vachettes et de planches savonneuses.

L'ANIMAL DU TRIMESTRE :

LE DIPNEUSTE

Le génome de la branche sud-américaine de ce poisson à poumons (qu'il utilise en complément de ses branchies) est le plus grand génome animal séquencé à ce jour (30 fois plus grand que celui de l'être humain).

LA TENDANCE DU TRIMESTRE :

Se faire passer pour UN OISEAU

Sur les réseaux sociaux, de plus en plus de jeunes Chinois se prennent pour des oiseaux. Manière d'exprimer leur soif de liberté et leur mécontentement face à un avenir incertain. Ils se filment *« vêtus d'un tee-shirt couvrant les bras et le torse, en laissant dépasser les mains comme des griffes et les manches vides comme des ailes »*, détaille le *New York Times*.

LE FAIL DU TRIMESTRE :

Les voitures électriques

Entre janvier et juillet 2024, 815 399 voitures à batterie électrique ont été vendues en Europe, soit 12 % des véhicules. Un chiffre en baisse de 0,5 % par rapport au premier semestre 2023.

LE CHIFFRE DU TRIMESTRE :

1,33

D'après une étude de la NASA publiée le 15 juillet 2024, les jours seraient plus longs de 1,33 milliseconde par rapport à 1900. Un écart qui s'explique par le réchauffement climatique. Avec la fonte des glaces, une importante quantité d'eau se répand dans les océans du monde entier, et la nouvelle répartition de cette masse depuis les pôles vers les zones équatoriales provoque un phénomène d'inertie ralentissant la vitesse de rotation de la Terre. Si rien n'est entrepris pour limiter le réchauffement de la planète, cet allongement de la durée des jours pourrait encore s'accélérer, au point d'atteindre 2,62 millisecondes supplémentaires d'ici à 2100… Un décalage qui pourrait avoir des conséquences sur les technologies reposant sur un timing précis (GPS, outils de trading financier, etc.). ●

Historique

Paris 2024

L'été 2024 restera dans l'histoire de France comme une parenthèse enchantée. Décriés durant les mois qui ont précédé l'événement, les Jeux olympiques et paralympiques de Paris 2024 ont permis de rassembler les Français, quelques jours à peine après des élections (européennes puis législatives anticipées) ayant pourtant enfoncé le pays dans une profonde crise politique et démocratique. Sur le plan sportif, les voyants étaient au vert, avec une moisson de podiums pour les tricolores (5e place au tableau des médailles), au premier rang desquels le nageur Léon Marchand et ses quatre titres olympiques à seulement 22 ans. Un succès prolongé aux Jeux paralympiques, la France remportant son meilleur total de médailles (75) depuis les Jeux de Sydney en 2000. Même satisfaction concernant l'organisation : les compétitions se sont déroulées sans encombre, aussi bien du côté de la sécurité que de l'accueil et de l'ambiance sur les sites emblématiques de la capitale transformés en enceintes sportives. Des images saisissantes resteront d'ailleurs gravées dans les têtes, qu'il s'agisse des envolées nocturnes de la fameuse vasque abritant la flamme ou des tableaux audacieux d'une cérémonie d'ouverture qui a mis (presque) tout le monde d'accord. Une réussite saluée par la presse étrangère, le *Financial Times* évoquant *« l'expérience collective la plus joyeuse dans la ville depuis, peut-être, la Libération, en août 1944 »*.

Anecdotique

La panne géante

Vendredi 19 juillet, à quelques jours seulement du coup d'envoi des Jeux olympiques de Paris, une panne informatique due à une mise à jour défectueuse du logiciel de l'entreprise de cybersécurité CrowdStrike a affecté 8,5 millions d'ordinateurs dans le monde, un record. Cet incident a eu des conséquences majeures : 4 % des vols initialement prévus le jour de la panne ont été annulés à travers le monde, et des deux côtés de l'Atlantique, plusieurs magasins ont souffert de problèmes de paiement. La compagnie américaine Delta Airlines a réclamé à CrowdStrike 500 millions de dollars de compensation pour les pertes liées à l'immobilisation du trafic aérien durant plus de vingt-quatre heures. Spectaculaire, cette panne informatique d'une ampleur inédite en dit long sur le degré de vulnérabilité de nos sociétés ultra-connectées. D'ailleurs, un mois à peine après « l'affaire CrowdStrike », les Pays-Bas ont été paralysés par une panne informatique d'origine non criminelle, qui découlerait, d'après *Le Monde*, *« d'une perturbation et d'une mise à jour défectueuse »* sur un réseau de fibre optique dont dépend une partie de leurs services de communication d'urgence. La question n'est donc plus de savoir si de nouvelles pannes géantes transnationales peuvent encore survenir, mais comment y faire face sans subir trop de dégâts. •

Bonjour à…

L'éolienne bicéphale

Mi-juillet, au large de Canton, Mingyang Smart Energy, le plus grand fabricant privé d'éoliennes en Chine, a inauguré une infrastructure inédite baptisée « Ocean X » : une éolienne bicéphale capable d'alimenter en électricité 30 000 foyers par an. Avec ses 15 000 tonnes, cette plateforme flottante – la plus grande au monde selon son constructeur – plonge ses fondations à plus de 35 mètres de profondeur afin d'exploiter au mieux la force du vent au large des côtes. Contreventée à l'aide d'un système d'ancrage solide, la structure est façonnée dans un béton à haute performance, réputé pour sa densité et sa robustesse. L'éolienne, elle, est composée de deux turbines géantes de 182 mètres de diamètre, capables de générer plus de 16 mégawatts d'énergie. Mais ce qui fait l'originalité d'Ocean X, c'est sa résistance aux typhons et aux cyclones, puisque l'éolienne peut fonctionner dans des conditions extrêmes, y compris face à des vents atteignant 260 km/h et à des vagues de 30 mètres de haut. Une résistance précieuse quand on sait que la puissance destructrice des typhons pourrait doubler en intensité d'ici à la fin du siècle, d'après une étude publiée en 2022 par des chercheurs de l'Institut d'innovation météorologique de Shenzhen et de l'université chinoise de Hong Kong.

Au revoir à…

Le lac de Pergusa

C'est l'histoire d'un lac devenu une flaque d'eau. Un bassin naturel situé au pied des monts Héréens, en Sicile, qui a symboliquement rendu l'âme le 30 juin 2024. *« Le lac de Pergusa est mort à cause de la désaffection de ses proches. Son extraordinaire beauté a nourri l'imagination d'écrivains comme Claudien, Ovide, Cicéron, Tite-Live, Diodore de Sicile ou le poète anglais John Milton. »* Voilà ce que l'on pouvait lire, ce jour-là, sur l'avis de décès placardé par des habitants de la région d'Enna sensibles à cette disparition, rapporte le média en ligne Novethic. Qui a eu la peau du lac de Pergusa ? Les vagues de chaleur et le manque de précipitations. Le bassin naturel n'ayant pas d'affluent important, il dépendait de la pluie pour se renouveler (on parle de lac « endoréique » pour qualifier cette absence d'écoulement en surface ou de manière souterraine). Début juillet, dans plusieurs villes de Sicile, des établissements avaient d'ailleurs été contraints de refuser des touristes à cause des pénuries d'eau liées à la sécheresse. Et en 2021, c'est sur cette même île qu'avait été enregistré le record européen de chaleur avec 48,8 °C. Des conditions hostiles qui affectent la biodiversité locale. Du côté de Pergusa, on risque fort de ne plus voir la couleur des centaines d'espèces d'oiseaux migrateurs qui, jusqu'alors, faisaient du lac une étape importante de leur route entre l'Afrique et l'Europe. •

Signe d'espoir

Un satellite sénégalais dans l'espace

Vendredi 16 août, le Sénégal a envoyé dans l'espace, à bord d'une fusée Falcon 9 de SpaceX lancée depuis la base de Vandenberg (Californie), son premier satellite intégralement financé, conçu et fabriqué par des ingénieurs sénégalais. *« Fruit de cinq années de travail acharné, cette avancée marque un pas majeur vers notre souveraineté technologique »*, s'est félicité sur le réseau social X (ex-Twitter) le président Bassirou Diomaye Faye. Baptisé « Gaindesat-1A » (en référence au mot « *gaïndé* » qui signifie « lion » en wolof), ce concentré de technologie prend la forme d'un petit cube de 10 centimètres et de 1 kilogramme. À l'intérieur : une caméra, des panneaux solaires, une batterie rechargeable et un système de télécommunication. Le nanosatellite doit jouer un rôle important pour la collecte de données environnementales, coûteuse en temps et en ressources humaines. *« Chaque fois qu'il passera au-dessus du Sénégal, ce satellite va se connecter aux différentes stations de mesure du pays (niveau d'eau, météo, etc.), collecter leurs données et les transmettre à Dakar, qui mettra ensuite ces données à disposition des organismes en ayant besoin »*, a précisé Gayane Faye, coordinateur du projet Sensat Sénégal, sur l'antenne de TV5Monde. Gaindesat-1A devrait aussi fournir des images précieuses, notamment pour l'anticipation et le suivi des rendements agricoles du pays.

Signe de fin de civilisation

Le DG de Starbucks va bosser en jet privé

C'est ce qui s'appelle une « arrivée en fanfare ». Au cœur du mois d'août, Starbucks a changé de directeur général : *byebye* Laxman Narasimhan, *welcome* Brian Niccol. L'ancien patron de la chaîne de restauration rapide mexicaine Chipotle a pour mission de relancer le géant du café, qui traverse une zone de turbulences (hausse des prix, pression des actionnaires). Mais il se serait sûrement bien passé de la polémique qui a suivi la révélation publique de sa fiche de poste. Un document où l'on peut lire que pour relier son domicile de Newport Beach (Californie) au siège du groupe américain à Seattle, à 1 600 kilomètres de là, Brian Niccol pourra utiliser un avion de la firme. « *Pendant la durée de votre emploi au sein de l'entreprise, il ne vous sera pas demandé de déménager* [...]. *Vous acceptez de faire la navette entre votre domicile et le siège de la société dans le cadre de l'exercice de vos fonctions et responsabilités* », peut-on lire dans la lettre du conseil d'administration de Starbucks, qui prévoit par ailleurs de verser un salaire annuel de 1,6 million de dollars à l'intéressé. De quoi faire grincer quelques dents en interne et sur les réseaux sociaux. Forcément, dans ce contexte, l'annonce par Starbucks du remplacement progressif de ses pailles et gobelets en plastique par des équivalents en carton fait sourire. •

Donald Trump trompe-la-mort

Le 13 juillet 2024, à 12 h 11, sur la scène d'un meeting de campagne organisé à Meridian (Pennsylvanie), Donald Trump échappe de peu à une tentative d'assassinat. Huit coups de feu sont tirés depuis le toit d'un bâtiment situé à 150 mètres de là. Bilan : un spectateur tué et deux autres grièvement blessés. L'ancien président républicain, lui, s'en sort avec une blessure à l'oreille droite. Tandis que la panique s'empare de la foule, des snipers abattent le tireur (un certain Thomas Matthew Crooks, 20 ans, fiché comme électeur républicain et n'ayant pas d'antécédents criminels). Quelques secondes plus tard, Donald Trump, plaqué au sol par ses gardes du corps, se relève, le visage en sang, brandissant un poing rageur sous les vivats de la foule, pendant que ses *bodyguards* s'accrochent toujours à ses chaussures (qu'il cherche obstinément). Deux mois après il est la cible d'une nouvelle tentative d'assassinat (présumée, le tireur n'ayant pas ouvert le feu) en pleine partie de golf à West Palm Beach, en Floride. Alors que l'échéance se précise, impossible de dire quel impact ces épisodes auront sur l'issue de l'élection présidentielle américaine. Mais une chose est certaine, la tentative d'assassinat de Meridian au cœur de l'été aura marqué un tournant majeur de la campagne : dix jours plus tard, tandis que les partisans de Trump s'affichaient comme lui avec un pansement sur l'oreille et que le candidat républicain creusait l'écart dans les intentions de vote, Joe Biden renonçait à se présenter et passait le relais à sa vice-présidente Kamala Harris. •

Brésil : en Amazonie, la déforestation recule de 22 % en 2023

Si Lula, l'actuel président brésilien, s'est fixé pour objectif *« zéro déforestation »* d'ici à 2030, son prédécesseur, Jair Bolsonaro, assurait en 2019 que *« l'intérêt de l'Amazonie, ce ne sont pas les Indiens ni les putains d'arbres, mais le minerai »*. Avec 9 000 km² de forêt tropicale déboisée, Lula ferait presque figure de bon élève, si l'on oublie qu'il y a dix ans, sous la présidence de Dilma Rousseff, on en comptait moitié moins.

Cartographie
The Shelf Company

Sources
mongabay.com/
globalforestwatch.org/

Déforestation annuelle (km²) en Amazonie brésilienne

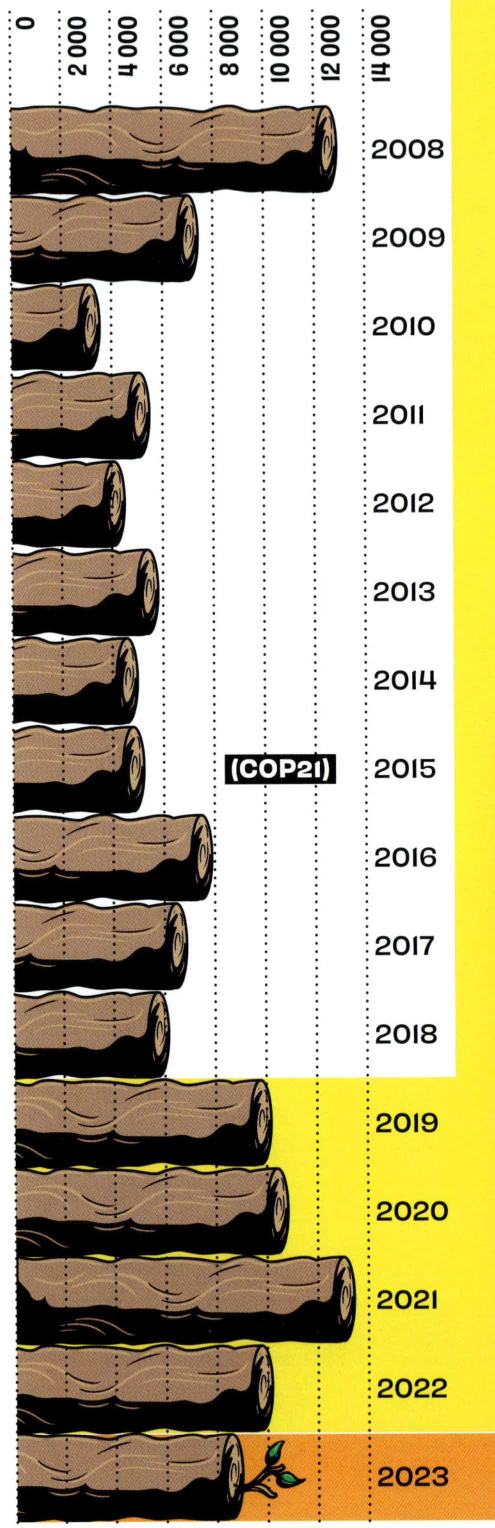

Jair Bolsonaro (2019-2022)
Sous son mandat, la déforestation a bondi de 75 % en comparaison avec la moyenne des dix dernières années et a atteint des sommets : 13 000 km² dévastés en 2021. Le résultat d'un démantèlement des agences environnementales locales et d'une réallocation des terres des peuples autochtones aux industriels.

Lula (2023-)
Depuis son arrivée au pouvoir, le nombre d'arbres abattus est en net recul en Amazonie. Un progrès à nuancer, puisque son gouvernement affiche son soutien aux projets de forages pétroliers de Petrobras qui endommagent la forêt malgré les protestations des associations locales.

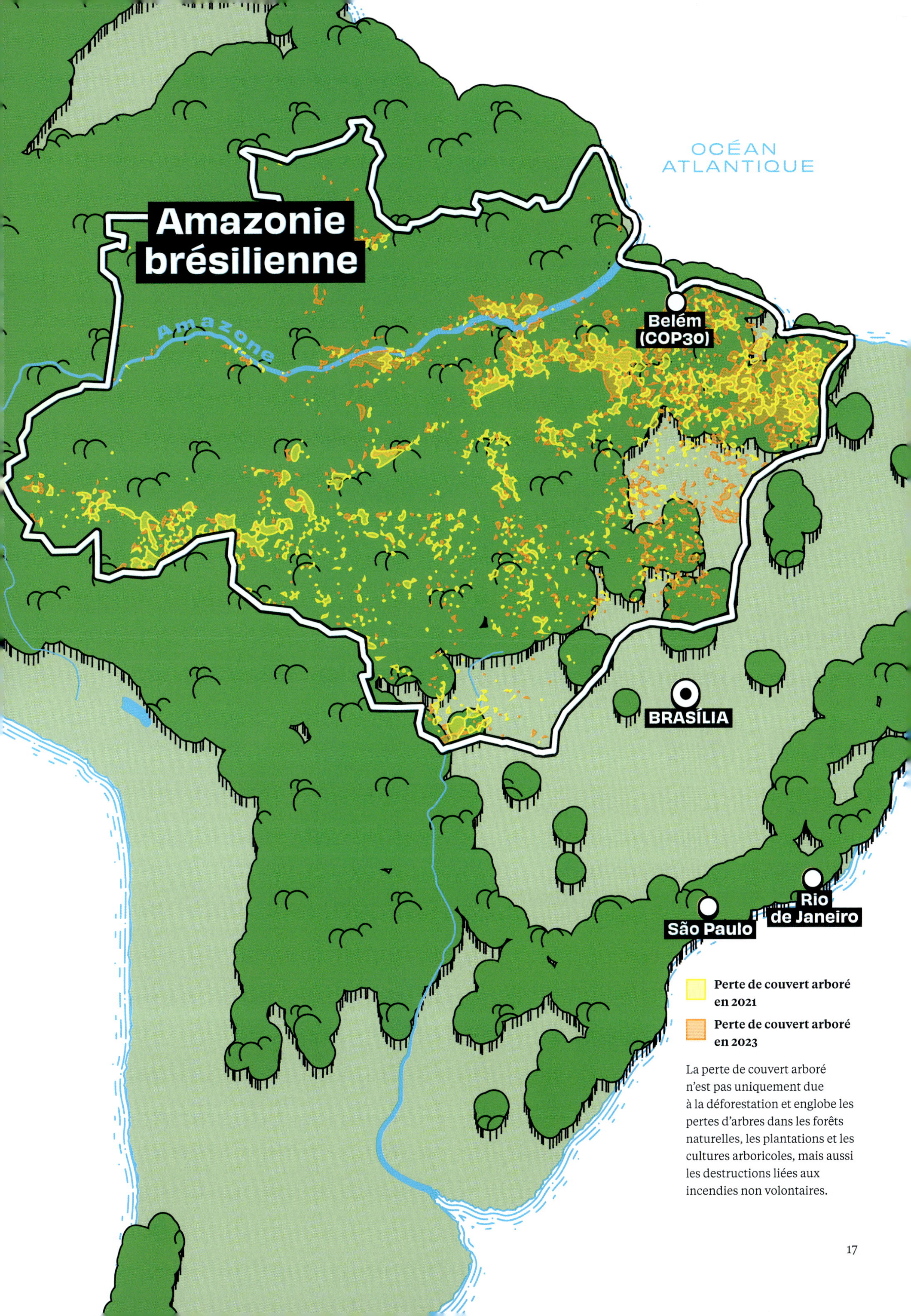

La perte de couvert arboré n'est pas uniquement due à la déforestation et englobe les pertes d'arbres dans les forêts naturelles, les plantations et les cultures arboricoles, mais aussi les destructions liées aux incendies non volontaires.

Faut-il démanteler Google ?

Google est plus que jamais dans le collimateur de la justice américaine. Deux procédures en cours, menées au nom du droit à la concurrence, pourraient aboutir au démantèlement du géant numérique en plusieurs branches distinctes. Un scénario qui avait été exploré en long et en large par *Usbek & Rica* dans un numéro sorti il y a déjà… sept ans, à l'automne 2017.

Texte
Blaise Mao

2024

Le 5 août 2024, Google a été jugé coupable d'avoir enfreint les lois antitrust des États-Unis. La firme a abusé de sa position dominante dans la publicité liée à son moteur de recherche. Selon le média *Bloomberg*, Google aurait ainsi versé plus de 26 milliards de dollars à des entreprises (notamment Apple) pour que son moteur de recherche devienne le moteur par défaut. Les sanctions ne sont pas encore connues, mais Google pourrait bien être condamné à revendre une partie de ses activités (son navigateur Chrome ou son système d'exploitation Android, par exemple).

Un mois plus tard, le 9 septembre 2024, le département américain de la Justice a lancé une nouvelle procédure contre Google concernant ses recettes publicitaires, colossales grâce à sa suite d'outils adtech. *« Pendant quinze ans, Google a recouru à des pratiques anticoncurrentielles pour limiter l'émergence de technologies rivales, manipuler le processus d'enchères et forcer les annonceurs et les éditeurs à utiliser ses outils »*, déclarait en janvier 2023 Merrick Garland, le procureur général des États-Unis. Un monopole qui dépasserait les 85 % de parts de marché, pour une entreprise qui représente près de 40 % du marché mondial de la publicité en ligne, loin devant Meta (environ 20 %). Le verdict, attendu pour l'été 2025, pourrait cette fois contraindre la firme à rendre certaines données publiques (pour en faire profiter la concurrence), à abandonner des techniques commerciales, voire à démanteler Google en plusieurs sociétés distinctes pour éviter qu'une seule structure géante ne s'approprie le marché (son serveur publicitaire DoubleClick et sa plateforme d'enchères AdX sont notamment visés).

En décembre 2023, le studio de jeu vidéo Epic Games avait déjà fait condamner Google pour ses pratiques anticoncurrentielles dans son magasin d'applications mobiles (Google Play Store). De l'autre côté de l'Atlantique aussi, l'étau se resserre autour du volet adtech de Google. Un verdict est attendu dans les prochains mois dans le cadre d'une procédure amorcée à l'été 2023 par la Commission européenne, et début septembre 2024, l'antitrust britannique a accusé à son tour Google d'abus de position dominante dans ce secteur.

2017

« Mieux vaut faire une seule chose, et la faire bien. » Difficile de croire que ce mot d'ordre est l'un des dix principes fondamentaux de Google. Il s'agit pourtant du deuxième « commandement » de l'entreprise, rédigé quelques années après sa création en 1998 par Larry Page et Sergey Brin. Une règle qui *« semble bien obsolète »*, écrivions-nous en octobre 2017, dans le dossier central du numéro 20 d'*Usbek & Rica*, paru quelques mois avant le vingtième anniversaire de la firme.

À l'époque, Alphabet, maison mère de Google, était déjà la deuxième capitalisation boursière mondiale, valorisée à 650 milliards de dollars. Son chiffre d'affaires s'élevait à 90 milliards de dollars. Et la compagnie venait d'être condamnée à payer une amende record de 2,42 milliards d'euros infligée par la Commission européenne pour abus de position dominante. Autrement dit, le vent commençait à tourner pour Google, dans le collimateur notamment des démocrates américains, qui parlaient à haute voix de démanteler le géant au nom de l'antitrust.

Une hypothèse largement explorée dans notre dossier, qui imaginait trois scénarios possibles. Le plus farfelu supposait que la pression populaire, à la suite d'une révolte luddite *(contre les machines, ndlr)* ciblant les data centers de l'entreprise, finirait par la faire revenir à la raison. Le deuxième, plus sensé, proposait de *« changer les règles fiscales »* pour *« taper Google au portefeuille »* en luttant en particulier contre l'évasion fiscale. *« Parfois comparé à une pieuvre, Google fait surtout penser à Smaug, le dragon qui veille sur son tas d'or dans* Le Hobbit *de Tolkien »*, écrivions-nous pour évoquer les 47 milliards de dollars placés par la firme dans les paradis fiscaux entre 2008 et 2014, selon l'ONG Oxfam.

> *« L'histoire économique récente montre que même les empires les plus solides en apparence ne sont pas indestructibles. »*
>
> Extrait du dossier consacré au démantèlement de Google, paru dans le nº 20 d'*Usbek & Rica* (automne 2017)

Enfin, le troisième scénario, qui semble se vérifier au regard de l'actualité, consistait à *« réveiller le régulateur américain »*. *« L'histoire économique récente montre que même les empires les plus solides en apparence ne sont pas indestructibles »*, indiquions-nous avant de revenir en détail sur le « précédent » AT&T, ce géant des télécommunications outre-Atlantique, démantelé par la justice américaine en 1984 au bout d'une procédure judiciaire de six ans. Transistor, micropuce, cellule photovoltaïque, laser, téléphonie cellulaire… À l'époque, l'entreprise ratissait large et employait 1 million de personnes. Mais la détermination du juge Harold Greene permit de scinder ses activités en différentes entités régionales et de favoriser ainsi l'émergence de nouveaux acteurs comme Motorola ou Texas Instruments.

Reste que même démantelé, le géant numérique devrait demeurer en bonne place dans le cœur (et les usages) des utilisateurs. À la question « Quel géant de la tech abandonneriez-vous ? », posée en 2017 par le *New York Times*, seulement 6 % des lecteurs envisageaient de lâcher Google… •

Une journée au Salon du vampire

On associe rarement le vampirisme à la banlieue aisée de Levallois-Perret. Pourtant, c'est dans l'un de ses hôtels cossus que s'est tenue la cinquième édition du Salon du vampire. Curieux mais totalement inculte (il n'a vu ni *Buffy contre les vampires* ni *Twilight*), notre reporter est allé y faire un tour.

Texte
Thierry Keller

C'EST UN QUATRE-ÉTOILES sans charme planté au milieu des sièges de grandes entreprises. D'ailleurs, la plupart du temps, l'hôtel *Evergreen Laurel* de Levallois accueille des hommes d'affaires. Mais pas aujourd'hui. En ce samedi 14 septembre 2024, le *dress code* a changé. La faune qui défile porte des manteaux noirs, les cheveux teints. Le maquillage prononcé le dispute parfois aux dentiers menaçants et aux gouttes de sang dessinées au coin des lèvres. Nous sommes au Salon du vampire. L'ambiance est bon enfant, limite cosplay. Au moins, on n'est pas dans les catacombes, me dis-je pour me rassurer.

À l'entrée, une table est réservée aux séances de dédicaces des auteurs de la « bit-lit » (pour *bite literature*), un sous-genre de l'*urban fantasy* dont la star incontestée, Patricia Briggs, est venue gratifier le salon de sa présence. *« Il faut lire* L'Appel de la lune, plaident Paruline et Johana, deux copines fans de l'Américaine. *Ça parle de vampires, mais pas seulement ! Il y a une réflexion sur la diversité. Son héroïne est une Amérindienne plongée dans un univers magique. »* Je leur demande si ce n'est pas un peu de l'appropriation culturelle. Non, Patricia Briggs ne ferait pas ça, elle documente beaucoup ses personnages, me répondent-elles, outrées. Plus loin, la conversation autour d'*Entretien avec un vampire* fait salle comble. Si le grand public connaît le film de 1994 avec Tom Cruise, Brad Pitt et Kirsten Dunst, c'est le roman d'Anne Rice, paru en 1976, qui nourrit leur ferveur. Au légendaire Vlad Tepes, dit « Dracula », Rice a ajouté une touche d'érotisme *dark* et d'esthétique mafieuse, inspirée du *Parrain* de Mario Puzo. Tous les chemins mènent aux vampires.

À la tribune, Adrien Party, animateur du site Vampirisme.com, partage son érudition. Sa *Vampirologie* (ActuSF, 2022) est une somme sur ces *« créatures qui peuplent nos cauchemars »*. C'est à lui que l'on doit l'existence du salon, dont la première édition s'est tenue à Lyon en 2010 dans une petite librairie de genre. C'est quoi un vampire ? *« Une créature qui se nourrit d'autrui »*, lâche le quadragénaire dégarni aux sourcils broussailleux. Je commence à mieux comprendre pourquoi les laissés-pour-compte du monde entier sont attirés par la figure du *weirdo* vengeur : ils se reconnaissent en lui.

Ici, on achète des livres mais pas seulement. On trouve des bijoux, des fioles de venin d'araignée, des potions décoratives et des illustrations de créatures magiques (dont une Taylor Swift ailée). Les organisatrices attendent près de deux cents personnes, ce qui est déjà une belle prouesse. J'avise une table tenue par deux passionnées, membres du collectif In Somnio, venues vendre leurs œuvres en autoédition. Manapany publie *Les roses ne saignent pas*, un manga sur des espions immortels qui bossent pour la CIA. Kriza-Lead, quant à elle, a créé *Never Surrender*, une saga où *« une servante pas tout à fait comme les autres devra supporter à la fois le mépris des humains et la froideur des Sylvaniens »*. Les bras chargés de ces précieux ouvrages (dédicacés), je ressors, si ce n'est conquis, du moins charmé. Je suis étranger à ce monde, mais heureux qu'il existe. Dans la rue, personne ne se doute qu'à quelques pas d'ici, des êtres étranges rêvent de leur planter les canines dans la carotide. ●

Dossier

Comment protéger nos cerveaux

Coordonné par
Blaise Mao et Élisa Thévenet

Illustré par
Choi Haeryung

Une zone à défendre

À CHAQUE ANNÉE SON MOT MAGIQUE. Celui qui mystifie vos interlocuteurs et permet d'ouvrir toutes les portes et de lever des fonds sans trop d'efforts. En 2015, le monde ne jurait que par le « big data », promesse d'un futur où l'on allait pouvoir tout comprendre (et tout vendre) grâce à l'analyse profilée de nos traces numériques. Depuis la pandémie de Covid-19, l'intelligence artificielle a pris le relais. Comme s'il suffisait d'accoler les lettres « IA » au nom de sa start-up pour avoir l'air de maîtriser l'avenir.

Aujourd'hui, la mode est aux neurosciences, nouveau gourdin de la vérité. Une tendance qui déborde largement le seul secteur de la tech. En ouverture d'une conférence *corporate*, il est désormais possible de proposer le plus sérieusement du monde une « douche cognitive » d'inspiration ayurvédique pour s'assurer du bien-être de l'audience. Une entreprise commercialisant des produits de soin pour la peau peut se targuer de *« transformer la beauté en puisant dans les neurosciences »*. Un entrepreneur milliardaire promet de guérir des maladies a priori incurables grâce au port d'implants neuronaux. Un journaliste vend des pelletées de livres en expliquant que notre apathie face à l'urgence climatique est due en grande partie au seul striatum, cette petite structure nerveuse du cerveau qui génère du plaisir et joue un rôle clé dans la (non-)prise de décision. Même un ministre peut fonder une réforme de l'éducation secondaire sur les conclusions d'un expert en psychologie cognitive, tendant à réduire l'apprentissage à une démarche scientifique.

Permettant d'avancer des réponses simples à des problèmes complexes, le cerveau devient ainsi un objet sacré, au nom duquel on peut tout justifier ou presque. Pourtant, si les découvertes sur son fonctionnement se multiplient, les dessous de sa mécanique nous échappent encore largement. Alors en attendant d'y voir plus clair, il semble urgent de préserver notre précieux organe des nombreux assauts auxquels il est soumis. •

L'expert du dossier :
Albert Moukheiber

« Mon rouge est-il son rouge et ma douleur semblable à la sienne ? » Ces questions, Albert Moukheiber se les posait déjà enfant, en dévorant l'animé *Evangelion*. Fasciné par le cerveau, il en a fait son métier. Docteur en neurosciences et psychologue clinicien, il publie *Neuromania* (Allary, 2024), une plongée dans la grande histoire de l'étude de nos neurones. Dans ce dossier, vous lirez ses éclairages et ses conseils, en rose (parce que tout le monde sait que c'est la couleur de la matière grise).

« Nous faisons du cerveau l'alpha et l'oméga de tous nos comportements : nos émotions, nos addictions, nos peurs, nos idéaux, nos performances. Une véritable "neuromania" se développe : "neuroleadership","neurocréativité", "neuroteambuilding"… Le terme est décliné à toutes les sauces par des discours mercantiles, idéologiques ou médiatiques qui instrumentalisent les sciences cognitives et les neurosciences. Nombre de "neuromythes" ou d'extrapolations prospèrent toujours auprès du grand public alors qu'ils ont été démentis par la science : les fameux 10 % du cerveau que l'on utiliserait seulement, le cerveau reptilien… Or ces croyances sont performatives : elles nous influencent. Si un test de personnalité vous considère comme plus créatif que "matheux" parce que votre hémisphère gauche serait plus actif, vous risquez de fonder des choix de carrière sur ce constat. Pourtant, nous sommes très loin d'avoir percé les mystères du cerveau. Il faut rester prudent. »

Propos recueillis par **Julien Descalles**

10 faits étonnants sur le cerveau

Saviez-vous que le flux nerveux électrique de notre cerveau circule à environ 300 km/h? Que la taille du cerveau d'un enfant double durant la première année de sa vie? Pour vous coucher moins bête ou vous la jouer en soirée, *Usbek & Rica* a recensé dix vérités scientifiques méconnues sur le cerveau.

Texte
Pablo Maillé

Illustration
The Shelf Company

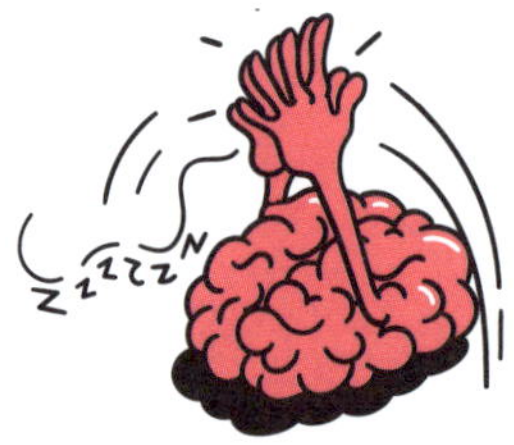

Le cerveau met 500 millisecondes à percevoir une piqûre

Dans les années 1970-1980, Benjamin Libet, de l'université de Californie à San Francisco, démontre que le cerveau met 500 millisecondes à percevoir un stimulus sensoriel (piqûre ou autre). Il a aussi été le premier à prouver que toute action volontaire – comme lever le bras ou appuyer sur un buzzer – est précédée d'une activation cérébrale de même durée avant le début du mouvement.

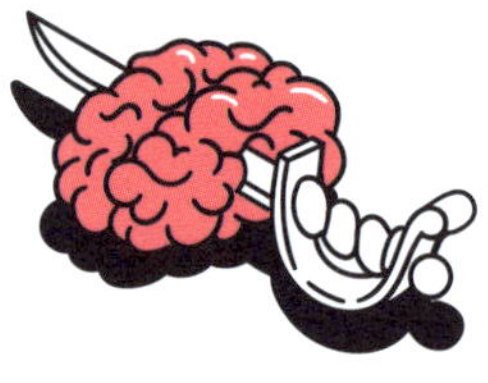

Le cerveau traite la douleur mais ne la ressent pas

Contrairement au reste du corps humain, le cerveau n'a pas de nocicepteurs en charge de détecter et transmettre les dommages subis. En revanche, beaucoup d'autres structures à l'intérieur de notre crâne en sont dotées: méninges, vaisseaux sanguins, muscles, nerfs du cou, du visage et du cuir chevelu… ce qui expliquerait en partie les maux de tête. D'où cette vidéo virale dans laquelle on voit une femme jouer du violon pendant que des chirurgiens lui enlèvent une tumeur cérébrale.

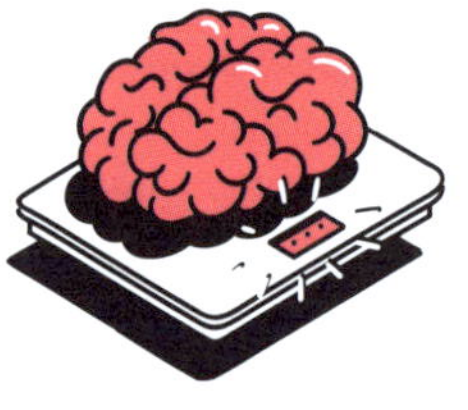

Le cerveau a une teneur en gras d'environ 60 %

Après le tissu adipeux (qui protège les zones corporelles mécaniquement sollicitées, comme la voûte plantaire ou les fesses), le cerveau est l'organe du corps humain le plus riche en lipides: 60 % de son poids sec est composé de gras. Les acides gras polyinsaturés oméga 3 constituent à eux seuls entre 15 et 20 % des acides gras retrouvés dans les membranes des cellules cérébrales.

Une information fait le tour du cerveau à 300 km/h

Le flux nerveux électrique circule à 300 km/h en moyenne (à peu près 80 m/s) à travers les neurones. C'est beaucoup moins que les 300 000 km/s de l'électricité dans un fil de cuivre, mais plus que le record de la pole position la plus rapide en Formule 1, détenu par Lewis Hamilton et établi à Monza le 5 septembre 2020. Le pilote avait alors affiché une vitesse moyenne par tour de 264,363 km/h au volant de sa Mercedes.

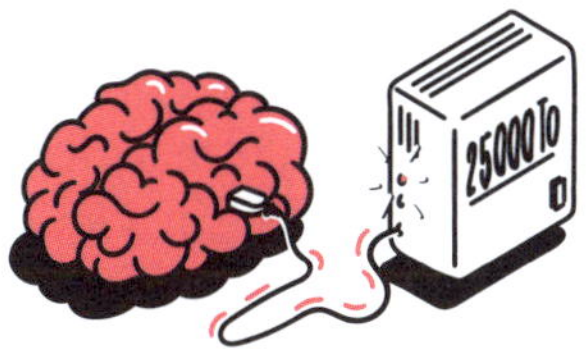

Le cerveau peut stocker 2 500 000 Go d'information

Le cerveau peut enregistrer jusqu'à 2,5 pétaoctets d'information par jour (près de 3 millions d'heures de télévision en haute définition). Une capacité de stockage énorme rendue possible par la plasticité cérébrale, qui permet au cerveau de former de nouvelles connexions et d'adapter son organisation structurelle en fonction des expériences et des stimuli quotidiens.

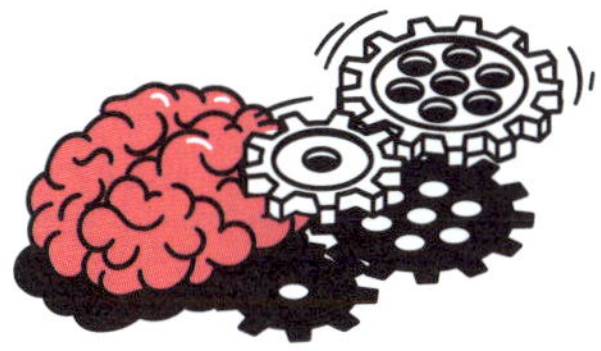

L'humain possède jusqu'à 100 milliards de neurones

Le cerveau d'un mammifère contient entre 100 millions et 100 milliards de neurones en fonction de l'espèce. Composé de 100 milliards de neurones pour 1,5 kilo, le cerveau humain est, sans surprise, l'organe le plus complexe de sa famille de vertébrés. Mais pas le plus lourd : avec ses 7,8 kilos, le grand cachalot peut se targuer de posséder le plus gros du règne animal.

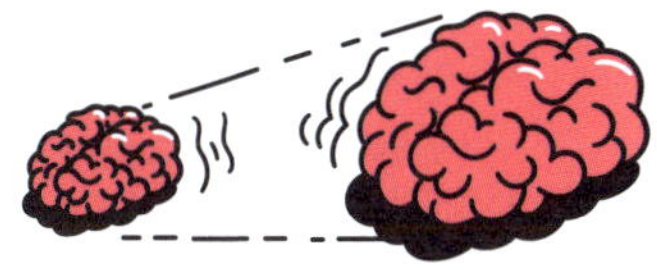

La taille du cerveau double durant la première année de vie

À 1 an, le cerveau d'un enfant atteint déjà les deux tiers de la taille de celui d'un adulte. Et si certaines régions mettront des années à mûrir, toutes les connexions sont déjà présentes. Dès ses tous premiers mois, le cerveau du bébé est ainsi équipé pour traiter des notions de syntaxe et d'abstraction qui lui permettent de « déconstruire » la langue et d'en repérer les briques. Les zones liées à la reconnaissance des visages sont, elles, repérables dès 4 mois.

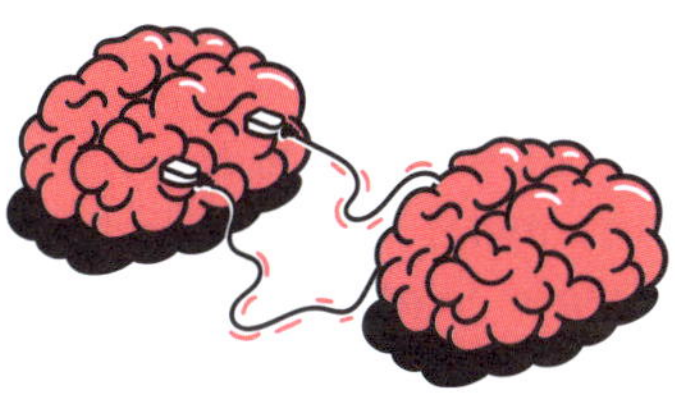

Deux cerveaux peuvent se synchroniser

Lorsque nous interagissons, nos cerveaux ont la capacité de se synchroniser. En 2018, une étude a démontré qu'un couplage de l'activité cérébrale au niveau préfrontal (en charge de résoudre des problèmes complexes) se met en place quand l'enfant joue et coopère avec l'un de ses parents. De quoi suggérer que le niveau de synchronisation est également influencé par la nature de la relation entre les personnes impliquées (plus celles-ci sont proches, plus la synchronisation est forte).

Les gardiens de but ont un cerveau hors norme

Selon une étude menée par l'université de Dublin en 2023, les gardiens de but ont une fenêtre de liaison temporelle plus étroite que les autres. Autrement dit, les multiples signaux qu'ils reçoivent (parmi lesquels le son et l'image) sont traités plus vite et indépendamment les uns des autres. Pratique quand on sait qu'ils ont moins de 500 millisecondes pour arrêter un penalty.

La mémoire à court terme dure 20 à 30 secondes

La mémoire à court terme permet de retenir une information temporairement, comme un numéro de téléphone que l'on doit mémoriser brièvement pour le répéter ou le noter sur un bout de papier. Sans effort conscient, cette forme de mémoire s'estompe généralement après 20 ou 30 secondes. En moyenne, un être humain est capable, de mémoriser et de restituer 7 éléments différents (chiffres, lettres, mots...) immédiatement après les avoir entendus. ●

« Non, notre cerveau n'est pas inadapté à la modernité ! »

Le cerveau est une machine à anticiper le futur. Ses milliers de prédictions nous permettent chaque jour d'appréhender le monde. Mais face à l'avènement des mémoires externes, des intelligences artificielles et de la civilisation du tout-écran, on le dit en péril. Panique technocritique ou prophétie éclairée ?

Propos recueillis par
Élisa Thévenet

Lisa Feldman Barrett
Récompensée par la bourse Guggenheim en 2019 pour son travail sur les émotions, la psychologue et neuroscientifique américaine, ni technophile, ni technophobe, vulgarise ses travaux à Harvard, devant le FBI et le Congrès américain.

Susan Greenfield
Commandeur de l'Empire britannique et membre de la Chambre des Lords, la scientifique britannique étudie les maladies neurodégénératives et s'inquiète de l'impact des nouvelles technologies sur le cerveau.

BIENVENUE DANS L'ÈRE DE LA POST-VÉRITÉ, celle où l'émotion prévaudrait sur la raison. Un monde hypnotisé par les écrans où la durée maximale de notre attention aurait dégringolé sous les huit secondes. Un monde qui fabriquerait des crétins digitaux, que la sédentarité, la pauvreté du langage et les problèmes de sommeil condamneraient à un cocktail de pathologies propres à l'ère numérique. Si certains ravages imputés aux nouvelles technologies sont documentés, un vent de panique semble souffler sur les pelletées de livres qui prophétisent la fin de notre espèce accro aux jeux vidéo, à Tinder et à ChatGPT. Pour y voir un peu plus clair, nous avons demandé à deux scientifiques au CV intimidant de décrypter les pressions que la modernité exerce sur nos cerveaux. De part et d'autre de l'Atlantique, et par Zoom interposé, Lisa Feldman Barrett (psychologue, neuroscientifique et codirectrice du Laboratoire des sciences affectives de l'université de Northeastern dans le Massachusetts) et Susan Greenfield (professeure de pharmacologie à Oxford et directrice du Centre d'Oxford pour la science de l'esprit) ont débattu de la consécration des neurosciences, de l'ingéniosité de notre cortex et du futur de nos neurones drogués aux écrans.

Usbek & Rica
La préface de l'essai collectif *The Future of the Brain* s'ouvre sur un constat : *« La neuroscience est une collection de faits en attente d'une théorie globale. »* Comprenons-nous réellement comment fonctionne le cerveau ?

Lisa Feldman Barrett
Je ne dirais pas qu'il n'y a pas de théorie globale, mais plutôt qu'il n'y en a pas qui fasse consensus. Beaucoup de chercheurs travaillent sur cette question. Et le statut des neurosciences n'est pas très différent de celui d'autres domaines scientifiques (en mécanique quantique, par exemple, il existe de nombreuses interprétations possibles). C'est l'état normal de la science.

Susan Greenfield
Tout dépend de ce que vous entendez par *« comment fonctionne le cerveau »* et *« théorie globale »*. Une théorie globale de quoi ? Comment décririez-vous le fonctionnement d'un arbre, par exemple ? C'est un abri pour les oiseaux, il fournit de l'ombre, des fruits… De la même manière, si

vous parlez de la façon dont le cerveau régule le corps ou gère le sommeil, nous savons exactement quels composés chimiques sont en corrélation avec les cycles de sommeil, l'humeur ou la maladie de Parkinson. Vous n'exigez pas de théorie unificatrice de l'arbre. Pourquoi le faire pour le cerveau ? En réalité, quand vous demandez comment fonctionne le cerveau, la question que vous posez vraiment, c'est : *« Comment génère-t-il la conscience ? »* Et ça, moi aussi, ça me tient éveillée la nuit. Parce que, pour le moment, on ne sait pas identifier, même hypothétiquement, le type de réponses ou de preuves qu'on attendrait. Une expérience en laboratoire sur des rats ? Une démonstration qui vous permettrait de devenir moi ? Or, si nous ne savons pas ce que nous cherchons, comment pouvons-nous le trouver ?

U&R

Si les premiers travaux sur le fonctionnement du cerveau remontent au XIXe siècle, une frénésie s'est emparée des neurosciences depuis quelques années. Les psychologues, les informaticiens, les addictologues, les enseignants, les services de marketing, les pouvoirs publics... tous se tournent vers vous pour obtenir des réponses.

L.F.B.

Quand la société a un besoin, elle exerce une pression sur les scientifiques qui travaillent à y répondre. Pendant la Seconde Guerre mondiale, celle qu'on a mise aux physiciens de Los Alamos, aux États-Unis, était énorme. On attendait qu'ils développent la bombe atomique avant les Allemands. Aujourd'hui, l'Organisation mondiale de la santé classe la démence comme l'une des principales causes de handicap et de décès dans le monde. Or, au cours des dernières décennies, on a compris que le cerveau comptait vraiment, qu'il était central pour appréhender le fonctionnement de la mémoire et de l'humeur. Cette pression, je la ressens au quotidien. Lorsque vous voyez des gens souffrir (ma propre fille a souffert de dépression), vous voulez les aider. Mais pour le moment, on a une incompréhension fondamentale de ce qu'est la dépression et de son fonctionnement. Nous savons comment agit la sérotonine dans une synapse, mais nous ne comprenons pas encore l'humeur.

S.G.

Le système nerveux central n'est qu'un des trois grands systèmes de contrôle du corps humain, avec le système immunitaire et le système endocrinien. S'ils ne fonctionnent pas ensemble, une véritable anarchie biologique s'instaure. Donc, ceux qui pensent que le cerveau est un organe indépendant se trompent. La difficulté avec les neurosciences, c'est qu'elles posent la question fascinante de la subjectivité (que la science a du mal à saisir) et qu'elles se heurtent au problème de la causalité et de la corrélation. Lorsque vous examinez le cœur ou les poumons, c'est de la mécanique. Mais si vous vous intéressez, comme Lisa, aux troubles mentaux, le fait de constater qu'il y a un déficit de sérotonine chez les patients dépressifs ne vous permet pas d'expliquer si ou comment l'un agit sur l'autre.

U&R

On dit d'un côté que le cerveau n'a pas changé depuis 45 000 ans, et de l'autre que la moindre expérience en transforme la structure. Qu'en est-il ?

L.F.B.

C'est une question d'échelle. La structure globale du cerveau humain est la même depuis longtemps, mais la microstructure évolue d'un instant à l'autre. Les petits récepteurs sur les dendrites apparaissent et sont absorbés en permanence.

S.G.

Il n'a pas besoin d'évoluer à l'échelle de l'espèce, justement parce qu'il est si extraordinairement adaptable. Les gens sont fascinés par la plasticité du cerveau, c'est-à-dire la façon dont vos expériences passées déterminent vos réactions et votre vision du monde futur. Si vous aviez un clone, votre configuration cérébrale serait toujours unique. On ne réalise pas l'impact qu'a chaque instant de nos vies sur nos réseaux neuronaux.

L.F.B.

Ce que vient de dire Susan est très important. Nous sommes câblés pour chercher la stabilité parce qu'elle nous permet de prédire et de fonctionner correctement. En ce moment même, alors que nous parlons, nous renforçons certaines connexions au détriment d'autres. Il y a un aspect *« use it or lose it »* dans le fonctionnement du cerveau qu'ignorent la plupart des gens. Et quand vous leur faites prendre conscience du contrôle – et donc de la responsabilité – qu'ils ont, de ce que ça signifie pour leur futur moi, ils sont généralement *empuissantés* par ça.

U&R

Il y a quatre-vingts ans, Orson Welles écrivait : *« L'espèce humaine est en fin de course. L'esprit n'est plus capable de s'adapter assez vite à des conditions qui changent plus rapidement que jamais. Nous sommes en retard de cent ans sur nos inventions. »* Cette idée s'est largement répandue. Notre cerveau est-il inadapté à la vie moderne ?

L.F.B.

Non et c'est un bon exemple de « *neuro-bullshit* ». Certaines modifications du cerveau humain au cours de l'évolution l'ont rendu plus plastique et réactif. L'idée qu'il ne serait pas adapté à la vie moderne est enracinée dans une très ancienne théorie *(celle du cerveau triunique développée par le neurobiologiste Paul MacLean durant les années 1950, ndlr)*. À cette époque, on pensait que le cerveau avait progressé en trois étapes, donnant tout d'abord le cerveau reptilien, puis paléo-mammalien (apparenté au cerveau limbique) et néo-mammalien (apparenté au cortex), ce qui est un mythe complet. Le cerveau n'a pas évolué de cette manière et ne fonctionne pas comme ça. Cela dit, je crois que nous faisons face actuellement à des pressions autres que celles que nous expérimentions il y a encore vingt ou trente ans. Notre univers s'est élargi. Aujourd'hui, je peux savoir ce qu'il se passe à l'autre bout du monde et m'en soucier sans avoir le moindre contrôle dessus. Les humains sont confrontés à plus d'incertitudes au quotidien, ce qui constitue une différence significative par rapport aux générations précédentes.

S.G.

Bien sûr que le cerveau s'adaptera. C'est ce que font les cerveaux. La question, bien plus intéressante, c'est : *« Est-ce une bonne chose pour la société et pour les gens ? »* Je ne pense pas que vivre en deux dimensions, avec uniquement deux sens stimulés, soit une bonne idée. Souvenez-vous de l'euphorie après le Covid-19, lorsque les gens ont pu sortir après avoir été enfermés si longtemps. Les êtres humains sont faits pour se toucher, pour utiliser leurs cinq sens, faire de l'exercice. Dans le monde virtuel, vous pouvez désormais vous réveiller, faire du shopping, avoir un rencard et aller travailler sans voir un seul être humain. Alors que dans le passé, les technologies enrichissaient le monde réel, pour la première fois, on nous propose une vie alternative. Ces technologies ne sont plus un moyen, elles sont devenues une fin en soi. Donc oui, nous nous adaptons déjà et nous continuerons de nous adapter au virtuel, mais ça risque de nous mettre en danger.

L.F.B.

Quand les gens demandent *« Est-ce que la technologie est bonne ou mauvaise ? »*, ils le font dans un sens pseudo-évolutionniste. Mais même si ce n'est pas une question d'évolution immédiate – il n'y a pas de changement dans l'état général des gens qui consultent les réseaux sociaux –, ce n'est pas nécessairement une bonne chose pour autant. Nous sommes des animaux sociaux, les gardiens des systèmes nerveux des uns des autres. Nous nous régulons mutuellement. La meilleure chose (et parfois la pire d'ailleurs) pour un système nerveux humain est un autre humain. Par conséquent, il faut regarder comment les gens interagissent en ligne. Et si vous voulez parler d'évolution, l'une des pressions de sélection les plus déterminantes à l'échelle d'une espèce, c'est l'efficacité métabolique. Un système nerveux doit fonctionner pour réguler le corps d'un animal de manière métaboliquement efficace. Et s'il ne le fait pas, cet animal peut ne pas réussir à se reproduire ou tomber malade. Les maladies métaboliques – le diabète *(qui est devenu la sixième cause de mortalité à travers le monde, ndlr)*, les maladies cardiaques *(qui trônent à la première place, ndlr)* et la dépression *(qui touche 280 millions de personnes sur la planète, ndlr)* – sont répandues dans le monde développé. Donc, quand vous introduisez un outil qui augmente le niveau d'incertitude, ça accroît le fardeau métabolique et devient donc un problème de santé publique.

U&R

Nous serions entrés, d'après certains commentateurs, dans l'ère de la post-vérité, une période où l'émotion importerait plus que le fait. Est-ce que ce constat a une explication neurologique ?

« Alors que dans le passé, les technologies enrichissaient le monde réel, pour la première fois, on nous propose une vie alternative. »

Susan Greenfield
Neuroscientifique, spécialiste des maladies neuro-dégénératives

L.F.B.

Il y a un souci avec la compréhension qu'ont les gens de la différence entre vérité et non-vérité, mais ça a toujours été le cas dans le monde occidental. Depuis Platon circule l'idée selon laquelle les émotions seraient votre bête intérieure, la cognition votre plus grande source de vertu, et votre cerveau un champ de bataille qui verrait s'affronter les deux. Si la rationalité l'emporte, vous êtes vertueux et en bonne santé. Mais si l'émotion prend le dessus, vous êtes immature, peut-être même malade, si ce n'est immoral. Cette manière de décrire le fonctionnement des émotions n'a aucun sens. Votre cerveau n'est pas câblé comme ça, ce n'est pas un champ de bataille entre l'émotion et la cognition. D'ailleurs, vous pouvez parfaitement vous convaincre rationnellement de faire des choses destructrices. Donc, certes, nous ressentons l'émotion très différemment de la façon dont nous éprouvons les caractéristiques de la cognition, mais l'idée qu'elles naissent dans une autre partie du cerveau est incorrecte.

U&R

Alors, comment pouvons-nous expliquer la situation dans laquelle nous nous trouvons ?

L.F.B.

Votre humeur est essentiellement un baromètre de votre statut métabolique, c'est une sorte de résumé. Or, les gens sont en moyenne plutôt malheureux en ce moment. Par conséquent, beaucoup ne s'exposent pas à divers points de vue parce que c'est désagréable et qu'ils évitent ce qui est désagréable parce qu'une grande part de leur vie l'est. Les gens souffrent et essaient simplement de réduire leur douleur (qui leur coûte sur un plan métabolique). Et ils le font en ne parlant qu'aux personnes avec lesquelles ils sont d'accord.

U&R

Dans votre livre *Mind Change*, Susan Greenfield, vous évoquez la façon dont les réseaux sociaux limitent l'empathie et dont les technologies numériques pourraient avoir un effet sur notre identité. Qu'est-ce qui vous inquiète ?

S.G.

On est en train de vivre la plus grande expérience incontrôlée que l'humanité ait jamais faite. Parce que c'est la première fois où nous avons conçu un environnement complètement différent de tous ceux que nous avons connus. Ma crainte, avec les technologies numériques, c'est que nous cédions à une forme d'infantilisation, et que nous ne soyons plus guidés que par la stimulation externe plutôt que par un récit interne avec un passé, un présent et un futur. L'une des choses fascinantes à propos du cerveau, c'est qu'il nous permet d'interpréter le monde en fonction de ce qui est déjà arrivé et en anticipant ce qui pourrait se produire. Le cortex préfrontal nous donne un passé et un futur, et donne du sens, ce faisant, à ce qui ne serait sans lui qu'une suite de réactions à des stimulations sensorielles.

Sauf que le numérique réduit la diversité de ces stimulations. Les mots ne sont qu'une très petite composante des signaux qu'on décode lorsqu'on interagit avec quelqu'un. Il y a le contact visuel, bien sûr, le langage corporel, le ton de la voix, le fait de pouvoir toucher son interlocuteur, de percevoir ses phéromones… Ces signaux sont en quelque sorte le « frein à main » de la nature. Si vous froncez les sourcils, détournez les yeux ou croisez les bras, votre interlocuteur comprend qu'il doit abréger. Sur les réseaux sociaux, ces contraintes ne s'appliquent pas. Or, on adore parler de soi *(une étude de Harvard menée en 2012 a ainsi montré qu'on était prêt à perdre une occasion de gagner de l'argent pour avoir le plaisir de parler de soi, ndlr)*, donc si vous n'avez plus de frein à main, vous allez vous rendre vulnérable en vous dévoilant trop (ce qui ouvre la porte au cyberharcèlement). Le risque, c'est que vous partagiez tellement de choses en ligne que vous n'ayez plus du tout de récit intime, de monde intérieur auquel personne d'autre n'a accès. L'être humain en a fondamentalement besoin, vous ne pouvez pas terminer là où commence l'autre. •

Pour aller plus loin

***Mind Change: How Digital Technologies Are Leaving Their Mark on Our Brains*, Susan Greenfield (Random House, 2015, non traduit)**

Quel impact les nouvelles technologies ont-elles sur nos capacités cognitives, nos modes de vie ou nos aspirations personnelles ? Comment les réseaux sociaux influencent-ils notre identité ? Et quelles conséquences les moteurs de recherche auront-ils sur notre mémoire ? Autant de questions que tente d'éclairer cet essai engagé.

***Seven and a Half Lessons About the Brain*, Lisa Feldman Barrett (Mariner Books, 2020, non traduit)**

Dans son dernier livre remarqué, Lisa Feldman Barrett s'applique à démystifier *« ce gros blob gris* [qui siège] *entre nos oreilles »*. Sept courts essais pour comprendre d'où vient notre cerveau, comment il s'est structuré et comment il fonctionne. L'occasion de déconstruire l'idée selon laquelle nos émotions seraient l'héritage du cerveau archaïque de nos ancêtres.

L'avis de l'expert : Albert Moukheiber

« La technologie bouge sans cesse, et l'arrivée du numérique n'est pas le premier saut technologique auquel l'humanité est confrontée. Évidemment, il pose des défis, mais moins à nos cerveaux qu'à nos modes de vie. À mes yeux, la découverte de l'électricité a sans doute été beaucoup plus disruptive, car elle a mis à l'épreuve l'ensemble de nos sens biologiques. Nous avons pourtant su nous adapter. C'est un jeu auquel on peut d'ailleurs se prêter à toutes les époques : Socrate, déjà, s'inquiétait de l'irruption du papier et de l'écrit, prédisant qu'ils abîmeraient nos mémoires et nos esprits, nous transformeraient en une civilisation de poissons rouges, nous rendraient flemmards… Je ne nous crois pas dépassés cérébralement, simplement, nous sommes encore des bébés vis-à-vis des technologies et des questions qu'elles posent. Y répondre réclame du temps. Ne cédons pas à la panique. Et avant de se demander comment les nouvelles technologies modifient nos cerveaux, intéressons-nous à la manière dont elles changent nos organisations sociétales. Comment veut-on vivre ensemble, décider ensemble ? »

Pour aller plus loin

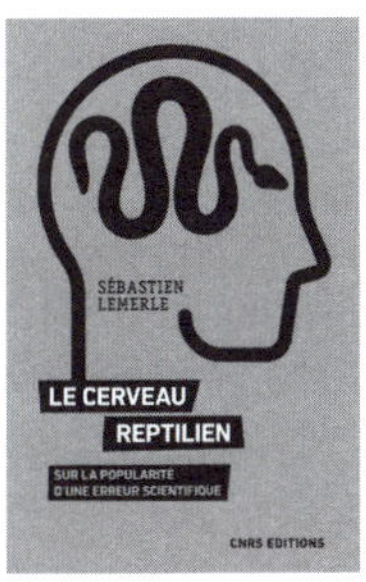

***Le Cerveau reptilien. Sur la popularité d'une erreur scientifique*,** Sébastien Lemerle (CNRS éditions, 2021)

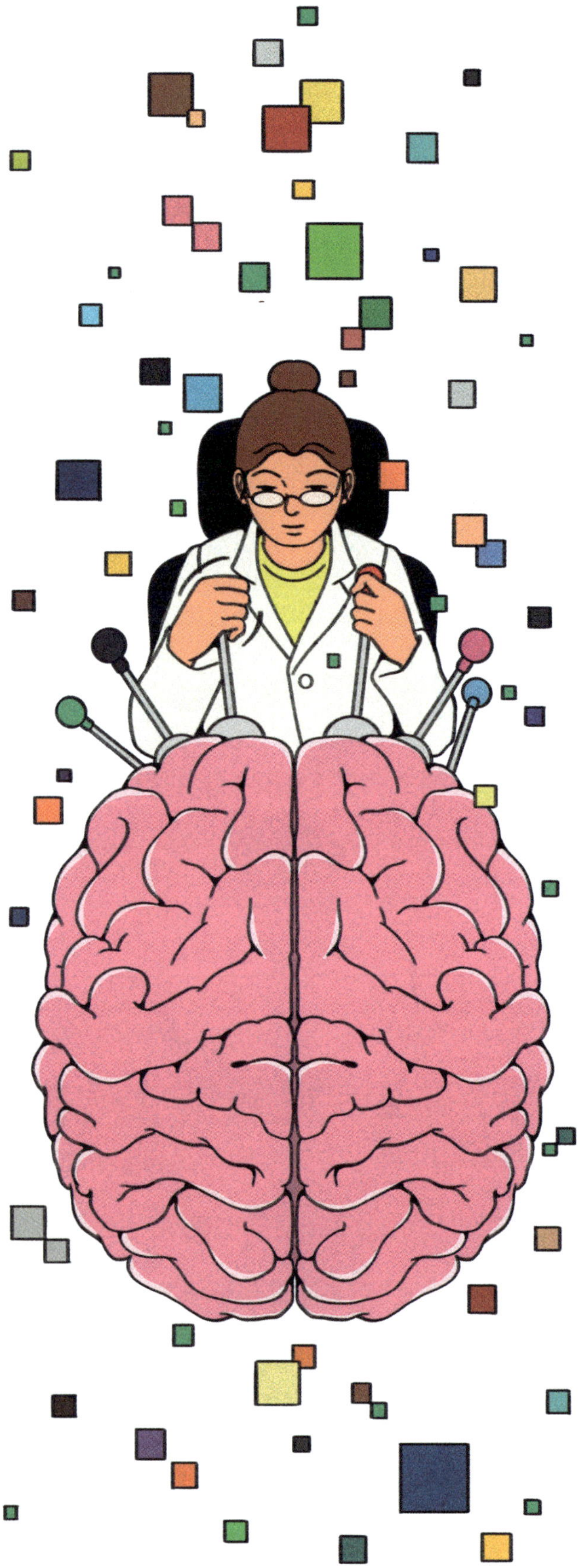

Dossier

La captologie, l'art de piéger notre cerveau

Au croisement de la psychologie comportementale, des sciences cognitives, de l'informatique et du design, la « captologie » innerve les réseaux sociaux, applications et sites de commerce en ligne. Son objectif : capter nos pensées et modifier nos comportements, souvent à notre insu. Une discipline qui doit beaucoup à B.J. Fogg, « l'homme qui fabrique des millionnaires ».

Texte
Fabien Benoit

TOUTE LÉGENDE A BESOIN DE SON ANECDOTE fondatrice. Celle de Brian Jeffrey (« B.J. ») Fogg pourrait débuter à l'automne 2007. Facebook est alors un jeune réseau social, fort d'une centaine de millions d'utilisateurs, mais loin des 3 milliards qu'il revendique aujourd'hui. B.J. Fogg, lui, a créé en 1998 un centre de recherche unique en son genre, le Stanford Captology Lab, qui deviendra par la suite le Stanford Behavior Design Lab, installé dans l'université du même nom, au cœur de la Silicon Valley. Depuis une décennie, il explore les façons dont l'informatique peut contribuer à transformer nos comportements, nos habitudes et nos pensées. En cette année 2007, Facebook a décidé d'ouvrir sa plateforme aux développeurs extérieurs, qui peuvent désormais concevoir des applications et jeux pour le réseau social, et c'est précisément l'exercice pratique auquel doivent s'atteler les soixante-quinze étudiants du professeur Fogg. En suivant ses préceptes et en une dizaine de semaines seulement, ils parviennent à élaborer plusieurs applications qui agrègent 16 millions d'utilisateurs et génèrent plus de 1 million de dollars de revenus publicitaires. La légende B.J. Fogg est en marche, et le chercheur décrète l'entrée dans une nouvelle ère : celle de la *« Mass Interpersonal Persuasion »*. Un âge où une poignée d'individus, grâce aux outils numériques, pourront convertir des masses à leur point de vue.

« The millionaire maker »

Le parcours de B.J. Fogg, dont le nom demeure peu connu du grand public, est typique du monde de la tech. Une jeunesse californienne dans les années 1960, un père technophile qui assemble des ordinateurs dans son garage et se rue sur toutes les innovations, et un cursus académique qui se conclut par un doctorat à Stanford, épicentre de la Silicon Valley. Dans le récit qu'il tisse lui-même, sa première épiphanie a lieu alors qu'il s'accorde une année de césure à Paris et s'initie à la rhétorique d'Aristote, *« un choc »* selon lui. Il se convainc que la technologie est l'avenir de cet art de la persuasion et décide d'y consacrer sa thèse. *« Personne ne faisait ça à l'époque,* raconte-t-il, *et certains trouvaient l'idée stupide. Selon eux, les ordinateurs servaient uniquement à stocker, mesurer et calculer, certainement pas à convaincre ou à vendre des produits. On me répondait qu'il valait mieux que je travaille sur la télévision ou la radio. »* Mais B.J. Fogg est sûr de lui et se livre à de premières expériences. Il constate ainsi que les gens ont tendance à passer plus de temps devant un ordinateur s'ils ont conscience que la machine leur a rendu des services par le passé. Si cette conclusion paraît intuitive, elle vient confirmer que la relation homme-machine suit la même « règle de réciprocité » observée par les psychologues dans les relations sociales. Surtout, elle indique à B.J. Fogg la voie à suivre : la conception d'applications et de services en ligne doit s'appuyer sur les enseignements de la psychologie.

« Il agrège les travaux sur le béhaviorisme, sur les sciences comportementales, sur l'interaction homme-machine ou bien encore sur les enjeux de conception des systèmes numériques pour en tirer une science appliquée hyper-efficace qu'il dispense aux cadres et ingénieurs de la Silicon Valley », explique Karl Pineau, chercheur et directeur du Media Design Lab à Nantes. Parmi les élèves de celui que l'on surnomme « The millionaire maker », Mike Krieger, cofondateur d'Instagram, Ed Baker, futur chargé de développement chez Facebook et Uber, Tristan Harris, qui deviendra responsable de l'éthique du design chez Google avant de fonder Time Well Spent pour dénoncer précisément l'emprise de la captologie... Rapidement, des générations de patrons et investisseurs de la tech se pressent pour assister à ses cours et à ses *« boot camps »*, formations express en quarante-huit heures, facturées 4 000 dollars.

Prédire et contrôler

S'il est difficile de retracer toutes les sources qui ont nourri la captologie, terme que B.J. Fogg récuse désormais pour lui préférer celui de *« design persuasif »*, certaines influences semblent patentes, à commencer par l'héritage de la psychologie béhavioriste ou comportementaliste. Forgée au début du XXe siècle, notamment par John Broadus Watson, elle considère que la psychologie doit se borner à l'étude des comportements observables et quantifiables, eux-mêmes le fruit de réponses à des stimuli, ou à l'histoire des interactions d'un individu avec son environnement. Son objectif, formulé par Watson : *« la prédiction et le contrôle des comportements »*.

Dans sa forme expérimentale, le béhaviorisme est rendu célèbre par les expériences de Burrhus Frederic Skinner. Une souris, placée dans une boîte, est mise en présence d'un levier qui, actionné, lui délivre de la nourriture. Quand celle-ci tombe chaque fois qu'il enclenche le dispositif, l'animal en fait seulement usage lorsqu'il a faim. En revanche, quand la récompense est aléatoire, il l'actionne de manière compulsive. Un mécanisme lié à la sécrétion de dopamine dans le cerveau, qui a des effets sur l'apprentissage et le renforcement des comportements. Aujourd'hui, c'est ce type de « renforcement opérant » qui est exploité par les réseaux sociaux et les applications pour rendre les utilisateurs captifs et permettre de façonner des habitudes, comme celle de regarder à chaque instant Facebook ou son smartphone, en quête d'un message, d'une notification ou d'un contenu qui pourrait nous intéresser. *« Il faut replacer l'histoire de la captologie dans celle plus longue des techniques de manipulation, notamment avec la figure d'Edward Bernays* (voir *Usbek & Rica* n° 31, 2021), *le neveu de Freud, qui avait mis les travaux sur l'inconscient et les pulsions au service du marketing,* souligne la philosophe Anne Alombert, autrice de *Schizophrénie numérique* (Allia, 2023) et coautrice d'un rapport sur l'économie de l'attention pour le Conseil national du numérique. *Mais le paradigme sous-jacent est bien celui du béhaviorisme. L'humain est considéré comme un système entrée-sortie. Le principe, c'est le conditionnement, en mobilisant certaines zones du cerveau. »*

« Donner des super-pouvoirs »

À cet héritage, il faut ajouter celui de l'économie comportementale, incarnée par la figure tutélaire d'Herbert Simon, qui s'est intéressé à la « rationalité limitée » des agents économiques. Si les individus ne prennent pas des décisions rationnelles, éclairées, c'est qu'ils ne disposent pas de toutes les informations nécessaires et sont pétris de biais cognitifs. Le « biais de confirmation » nous invite ainsi à accorder plus de crédit aux contenus qui corroborent nos opinions, quand le « biais de désirabilité sociale » nous pousse, lui, à ne dévoiler que les aspects positifs de nos vies. Lorsque nous devons prendre des décisions rapides, ce sont ces biais qui orientent nos choix, et ce sont eux que la captologie exploite. On ne compte plus les sites et plateformes qui ont mis en place des *dark patterns*, une série de dispositifs au cœur même de l'interface utilisateur conçus pour tromper ou manipuler l'utilisateur. Citons par exemple les doubles négations pour nous faire valider des conditions générales d'utilisation ou les mentions qui nous signalent que d'autres internautes convoitent le même produit que nous, jouant sur l'effet de rareté et le sentiment d'urgence pour déclencher l'achat. En ligne de mire, toujours le même objectif : *« réduire à l'extrême les hésitations et les arbitrages conscients »*, résume le sociologue Dominique Boullier.

« Donnez des super-pouvoirs aux gens, mettez-les dans une position de réussite. »

B.J. Fogg
Cofondateur du Stanford Behavior Design Lab

Dans son « Fogg Behavior Model », pièce maîtresse de toutes ses formations, le chercheur américain synthétise parfaitement la recette du succès. Ainsi, pour qu'un comportement ait lieu, trois conditions doivent être réunies : une motivation, des compétences et un déclencheur (*trigger*). Plus la motivation est grande et le niveau de compétences demandé bas, plus les gens seront réceptifs aux déclencheurs et créeront de nouvelles habitudes. Si vous aimez déjà partager des photos avec vos proches, Instagram vous permettant de le faire facilement, sans friction, vous serez alors d'autant plus réceptif quand vous aurez une notification vous indiquant qu'un ami a rejoint le réseau social ou vous a « tagué » sur un cliché. Et vous le serez encore plus en sachant que la plateforme vous offre la possibilité, en quelques clics, d'ajouter des filtres et de vous sentir un peu artiste. Une idée centrale chez B.J. Fogg : *« Donnez des super-pouvoirs aux gens, mettez-les dans une position de réussite »*, conseille-t-il dans ses cours.

Au bon endroit, au bon moment

B.J. Fogg, c'est donc avant tout l'art de la synthèse. Et si son mérite tient sans nul doute au fait d'avoir été au bon endroit, au bon moment, il a su convertir des foules à ses concepts. *« B.J. Fogg a armé toute une génération d'entrepreneurs de la tech »*, confirme la chercheuse en design Nolwenn Maudet. Le *scroll* infini, qui nous emprisonne dans un tunnel de contenus, n'est rien d'autre que l'application de son concept de « bol sans fond » (*« bottomless bowl »*), qui postule que nous continuerons à puiser dans le bol tant que nous ne serons pas rassasiés. Les likes et les tags sont des déclencheurs qui font appel à notre besoin de validation et de réciprocité sociale, et les invitations à « suivre » et à « devenir ami » avec quelqu'un constituent des propositions difficiles à refuser au nom de cette même réciprocité qui permet de gagner facilement des utilisateurs. Alors que certains de ses anciens étudiants dénoncent depuis plusieurs années des outils qui détruisent la société et créent de nouvelles pathologies, B.J. Fogg continue à affirmer qu'il est étranger à tout cela, que sa captologie peut au contraire servir à façonner de « bonnes habitudes » et même à œuvrer à la paix dans le monde. Preuve que les biais cognitifs n'épargnent vraiment personne... •

L'avis de l'expert : Albert Moukheiber

« Les plateformes créent des algorithmes opaques, décident de ce que l'on peut voir, conçoivent des sites pensés pour capter notre attention le plus longtemps possible, et on nous explique ensuite que ce sont nos biais cognitifs qui nous conserveraient dans une bulle de filtres, ou notre dopamine qui nous rendrait accros aux écrans ? C'est une inversion stupéfiante de la responsabilité ! Pendant que l'on s'escrime à maîtriser nos biais cognitifs ou nos niveaux de dopamine et de sérotonine, on reste aveugle aux véritables coupables. Commençons par rebâtir des interfaces responsables, qui respectent l'attention des utilisateurs, et rejetons les *dark patterns*. Bannissons le *scroll* infini qui nous dissuade de faire une pause (et donc de nous désengager). Interdisons les alertes des sites marchands précisant que vingt personnes consultent le même produit pour nous pousser à l'achat. Finissons-en avec les pop-up, les formules sibyllines ou le consentement par défaut et les séries ou films qui s'enchaînent... L'éducation du public est utile, oui, mais seule, elle est un mirage. Un cadre législatif ou réglementaire est nécessaire. Apprenons à dompter nos biais, certes, mais posons aussi le débat : veut-on devenir une espèce digitale, comme nous sommes devenus une espèce lectrice puis électrique par le passé ? Le seul point unanimement problématique qu'entraîne cette transformation, c'est la sédentarité. Mais remplacez les écrans par les feuilles, un manuel de physique quantique par des vidéos de Rihanna, et l'enjeu reste le même... »

La tech à l'assaut de nos cerveaux

Elle connaît votre couleur politique et votre orientation sexuelle. Mais l'industrie de la tech ne compte pas s'arrêter en si bon chemin. Pour proposer des services toujours plus personnalisés, pourquoi ne pas puiser les données à la source, directement dans nos cerveaux ? Un marché qui surfe sur le culte de la performance, repousse les frontières de l'intime et pourrait peser 21 milliards de dollars d'ici à 2026.

Texte
Mathilde Simon

MW75 Neuro pour maximiser votre concentration

Sur le marché

Né de la collaboration entre le fabricant de casques audio haut de gamme Master & Dynamic et la plateforme Neurable, MW75 Neuro est équipé de capteurs neuronaux destinés à conjuguer bien-être mental et confort musical. Mis sur le marché en décembre 2023 et voué aux travailleurs vissés derrière leur écran, ce casque augmenté présente une fonction « réducteur d'éparpillement » : il analyse l'activité neuronale des utilisateurs pour identifier les périodes de concentration et détecter les signes de stress. L'IA dont il est doté indique alors à son propriétaire le moment optimal pour faire une pause, active la réduction du bruit si l'environnement devient agité et met son téléphone en mode « Ne pas déranger » s'il juge qu'il est trop souvent distrait par ses notifications. Neurable estime que les usagers qui suivent les suggestions de repos de son application sont 20 % plus productifs et 50 % plus heureux à la fin de la journée. Rien que ça !

FeelZing pour vous énergiser

Sur le marché

L'industrie du café n'a qu'à bien se tenir. Grâce à son patch FeelZing, l'entreprise de neurostimulation Thync promet d'améliorer le fonctionnement de votre cerveau à la faveur de stimulations nerveuses transcutanées. Placée derrière l'oreille pendant sept minutes, cette technologie non invasive envoie de petites décharges électriques sur la zone connectée aux systèmes nerveux dits « sympathique » et « parasympathique ». L'objectif : réguler les phases d'excitation et de léthargie pour garantir un état de *« vigilance calme »*, considérée comme idéale pour la concentration. Moyennant quelques sensations de picotement et 180 dollars pour un pack de douze autocollants, FeelZing annonce une énergie optimale pendant quatre à sept heures, sans effets secondaires. Pas de Bluetooth, de fils ou de logiciel à configurer, juste une languette à tirer pour activer le patch avant de l'appliquer le plus près possible de la mastoïde, située derrière l'oreille. Et Thync de préciser sur son site Internet : *« Plus vous emploierez les patchs, plus les effets seront puissants. »* Naturellement.

BrainBit pour atteindre le nirvana

Sur le marché

« Utilisez votre cerveau comme vous ne l'avez jamais fait. » Sacrée promesse… Comme beaucoup de ses concurrents, l'entreprise BrainBit, qui développe des casquettes et des bandeaux évaluant l'activité mentale, assure traduire vos ondes cérébrales en data grâce à quatre électrodes connectées. Un dispositif non médical qui s'apparente à un électro-encéphalogramme et mesure les ondes alpha – plus élevées lorsque votre esprit est calme et détendu – et les ondes bêta – témoignant d'un état de concentration, d'efforts psychiques mais aussi de stress. Grâce à une panoplie d'applications, BrainBit vous invite à suivre en direct vos différents états de conscience, enregistrer vos états d'âme et décrypter vos séances de méditation ou… de psy. Sur son site, l'entreprise californienne propose aux psychologues, coachs, yogis et professionnels de santé d'utiliser ses bandeaux sur leurs clients ou patients. L'opportunité pour votre prof de yoga de vendre des offres de méditation sur mesure. Une approche quantitative à faire bondir les reliques de Bouddha.

Halo Sport pour apprendre plus vite

Sur le marché

Vous rêvez de jouer du piano comme Chilly Gonzales, mais vous avez la dextérité d'un hippopotame et seulement cinq heures par jour à consacrer à ce nouvel apprentissage ? Halo Sport peut vous faire gagner du temps (ou éviter que vous ne vous découragiez trop rapidement). Ce casque promet d'accélérer l'acquisition de nouvelles compétences impliquant des gestes précis grâce à Neuropriming, une technologie brevetée il y a dix ans qui stimule le cortex jusqu'à modifier le champ électromagnétique du cerveau. Après vingt minutes de picotements provoqués par l'électricité transmise par les pics de caoutchouc dont le casque est tapissé, le cerveau atteindrait un état d'hyper-apprentissage. Une séance de préparation à faire avant vos cours de musique ou vos séances de sport : pendant une heure, vous disposerez supposément de la neuroplasticité idéale pour apprendre, tant qu'il s'agit d'activités motrices. Impossible, évidemment, de mesurer la part de progrès due à l'électrostimulation et celle liée à votre génie.

URGOnight pour dompter le sommeil

Sur le marché

Enfin une neurotech qui s'engage à laisser nos cerveaux tranquilles ! La promesse d'URGOnight : gagner en qualité de sommeil grâce à une série d'exercices réalisés pour « muscler » nos neurones. L'application est reliée à un casque qui capte les fluctuations de nos cycles nocturnes. À partir des informations collectées, elle suggère des entraînements à faire pendant la journée qui, au bout de quelques semaines, garantissent aux insomniaques de dormir d'une traite, aux hyperactifs de rallonger leurs nuits de deux heures et aux surmenés de se reposer en profondeur. Dans le viseur de cette technologie française : les phases du sommeil dit « lent léger », durant lequel nous sommes endormis mais sensibles aux stimulations extérieures. En encourageant le cerveau à produire des ondes cérébrales capables de diminuer l'impact des informations provenant de l'environnement extérieur (température, bruit, lumière), URGOnight assure dompter les difficultés d'endormissement, les réveils nocturnes et les sensations de fatigue pendant la journée.

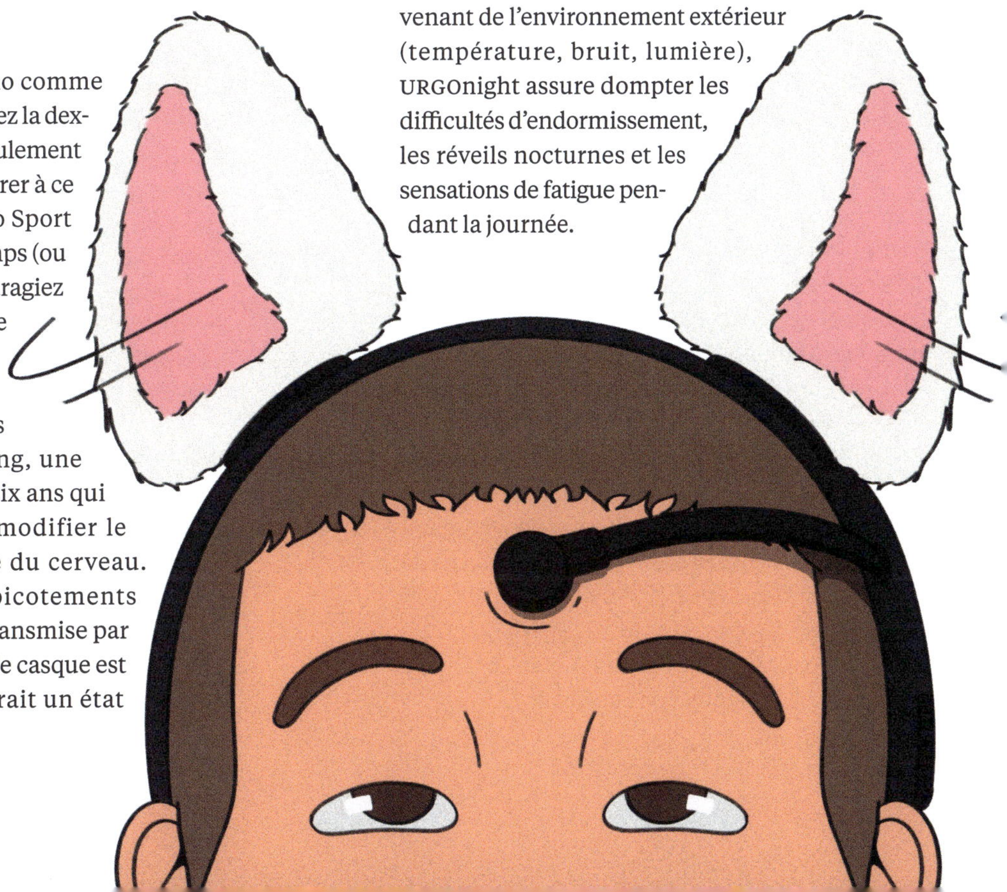

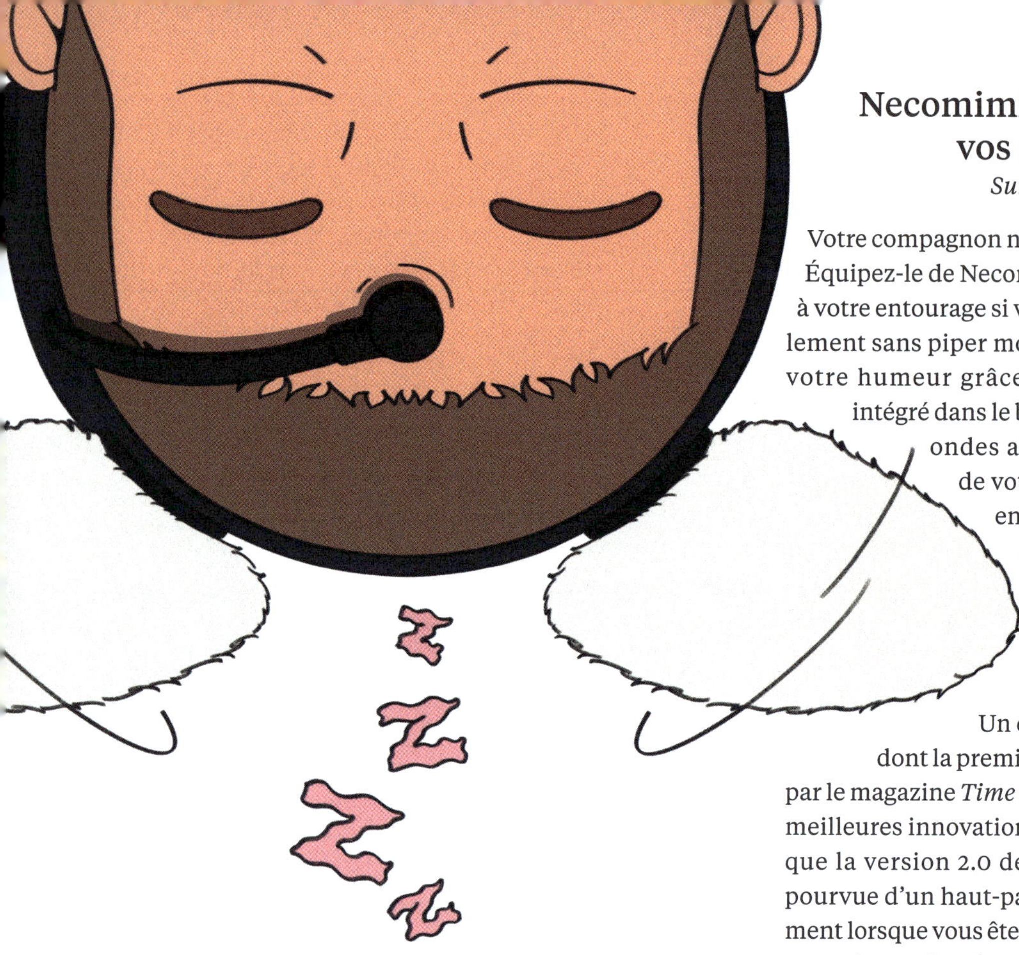

Necomimi pour décrypter vos émotions

Sur le marché

Votre compagnon n'est pas très communicatif? Équipez-le de Necomimi, le casque qui indique à votre entourage si vous êtes disponible mentalement sans piper mot. La technologie identifie votre humeur grâce à un encéphalogramme intégré dans le bandeau rigide qui capte les ondes alpha et bêta se dégageant de votre cortex cérébral… le tout en vous donnant un air 100 % *kawaï*. Car Necomimi est affublé de deux oreilles pointues et touffues, qui se dressent ou s'abaissent au gré de vos états d'âme. Un équipement made in Japan dont la première mouture a été reconnue par le magazine *Time* comme l'une des cinquante meilleures innovations de l'année 2011… À noter que la version 2.0 de cette prothèse féline est pourvue d'un haut-parleur projetant un miaulement lorsque vous êtes concentré et un ronronnement durant les phases de relaxation.

Les bracelets de Meta pour naviguer sans les mains

En conception

Adieu souris, manettes et joysticks. Pour aller de pair avec ses casques de réalité virtuelle et augmentée Quest, Meta planche sur un bracelet connecté faisant le lien entre notre cerveau et les interfaces numériques pour que nous puissions y naviguer par la pensée. Mais plutôt qu'un implant sous-cutané comme Neuralink (l'entreprise d'Elon Musk), la maison mère de Facebook développe une technologie non invasive. Ce bracelet, dont la commercialisation ne devrait pas tarder d'après Mark Zuckerberg, est doté de capteurs susceptibles de détecter l'activité nerveuse dirigée vers la main grâce à une technologie d'électromyographie. Des données interprétées en temps réel par une application et converties en commandes. Penser à cliquer sur la croix rouge de la fenêtre suffira ainsi pour fermer vos quarante-cinq onglets ouverts, sans lever le petit doigt. Un outil qui devrait ringardiser les claviers d'ici à 2028, selon le fondateur de Facebook.

Flow pour repousser la dépression

Sur le marché

Les neurotech font aussi rêver le champ médical, et certains n'hésitent pas à extraire les innovations des laboratoires. C'est le cas de la stimulation transcrânienne à courant continu. Une technologie qui envoie des impulsions électriques dans la région frontale du cerveau chargée de la régulation de l'humeur, du sommeil et de la motivation, et qui tourne au ralenti en cas de dépression. Une méthode inspirée de celle développée par la recherche depuis vingt-cinq ans et dont le dernier essai clinique mené par le King's College en 2023 a constaté une rémission de la maladie chez 57 % des patients, sans effets secondaires graves. Flow se propose de rapporter cette technologie expérimentale à la maison pour une utilisation de trente minutes cinq fois par semaine et promet des résultats sous trois semaines – sans conseiller d'arrêter les traitements parallèles. À défaut d'un suivi médical, le casque, connecté à une application, propose des cours de thérapie comportementale.

Wisear pour anticiper vos envies

En conception

Ce n'est ni la sagesse ni la magie, comme le marketing des Wisear se plaît à le dire, qui font tourner ces écouteurs du futur, mais des électrodes boostées à l'IA. Alors que la commande vocale peine à entrer dans les usages, l'entreprise parisienne à l'origine de cette technologie veut aller directement à l'étape suivante : la commande neuronale. Grâce à de minuscules électrodes glissées dans la partie interne et externe de chaque écouteur et à une IA interprétant l'activité bioélectrique du cerveau, des muscles du visage et des yeux, Wisear assure être capable de reconnaître lorsque leur propriétaire souhaite passer à la prochaine vidéo, augmenter le volume ou encore répondre à un appel… Le tout grâce à des mouvements faciaux simples et, on l'espère, suffisamment discrets pour ne pas se faire remarquer par son entourage. Une technologie bientôt sur le marché qui a été acclamée lors des éditions 2023 et 2024 du Consumer Electronics Show de Las Vegas.

Une micropuce pour lire dans vos pensées

En phase de recherche

Pourquoi se contenter de percevoir de loin ce que veut le cerveau, quand il peut nous le dire directement ? C'est ce que de nombreux chercheurs tentent de mettre en place en implantant dans le cerveau des électrodes connectées à une interface cerveau-machine. Fin août 2024, des scientifiques de l'École polytechnique fédérale de Lausanne ont franchi un cap décisif en la matière : grâce à une puce de 2,46 mm^2 glissée dans le cortex cérébral, ils ont converti l'activité neuronale en texte avec une précision de 91 %, là où la recherche parvenait jusque-là difficilement à atteindre les 40 %. Seul effort à produire pour le porteur de la puce en silicium : imaginer écrire des lettres ou des mots. Une prouesse accessible à quiconque sait lire et écrire, et qui promet d'améliorer la communication de personnes souffrant de graves déficiences motrices, notamment celles touchées par la sclérose latérale amyotrophique, plus connue sous le nom de « maladie de Charcot ». ●

L'avis de l'expert :

Albert Moukheiber

« À qui appartiendront les données personnelles captées par ces objets connectés ? Au propriétaire du cerveau ? À l'entreprise qui a créé le casque ou l'implant ? Au domaine public ? À l'humanité ? Ou faut-il établir qu'elles reviennent aux boîtes qui les découvrent ? Je crains le péril que font peser les géants du numérique sur l'*open science*. L'immense majorité des grands progrès scientifiques a reposé sur la libre circulation des idées et de la connaissance. Or, aujourd'hui, Google, Neuralink et d'autres, en rachetant toutes les start-up, menacent de mettre la moindre découverte sous embargo. Il faut faire de la recherche fondamentale un bien commun. Ce qui n'interdit ni le secret industriel ni la commercialisation. L'autre risque associé à ces technologies connectées, c'est qu'en promettant de régler nos soucis personnels et nos états émotionnels en jouant avec nos cerveaux (ce qui est un leurre), elles invisibilisent d'autres explications tout aussi pertinentes aux problèmes de santé mentale ou de dépression. Elles évacuent la responsabilité de nos modes de vie, de nos organisations sociales, professionnelles ou humaines, alors que l'on sait comment agir dessus. Pourquoi préférer un rééquilibrage chimique hasardeux, quand on ignore toujours comment augmenter le taux d'une molécule sans affecter toutes les autres fonctions qu'elle assure ni provoquer une cohorte d'effets secondaires indésirables ? Vous voulez booster votre taux de sérotonine, la "molécule du bonheur" ? Vous allez également bouleverser votre état de satiété ou la régulation de la chaleur de votre corps… »

Dossier

Cerveau : en cours de téléchargement

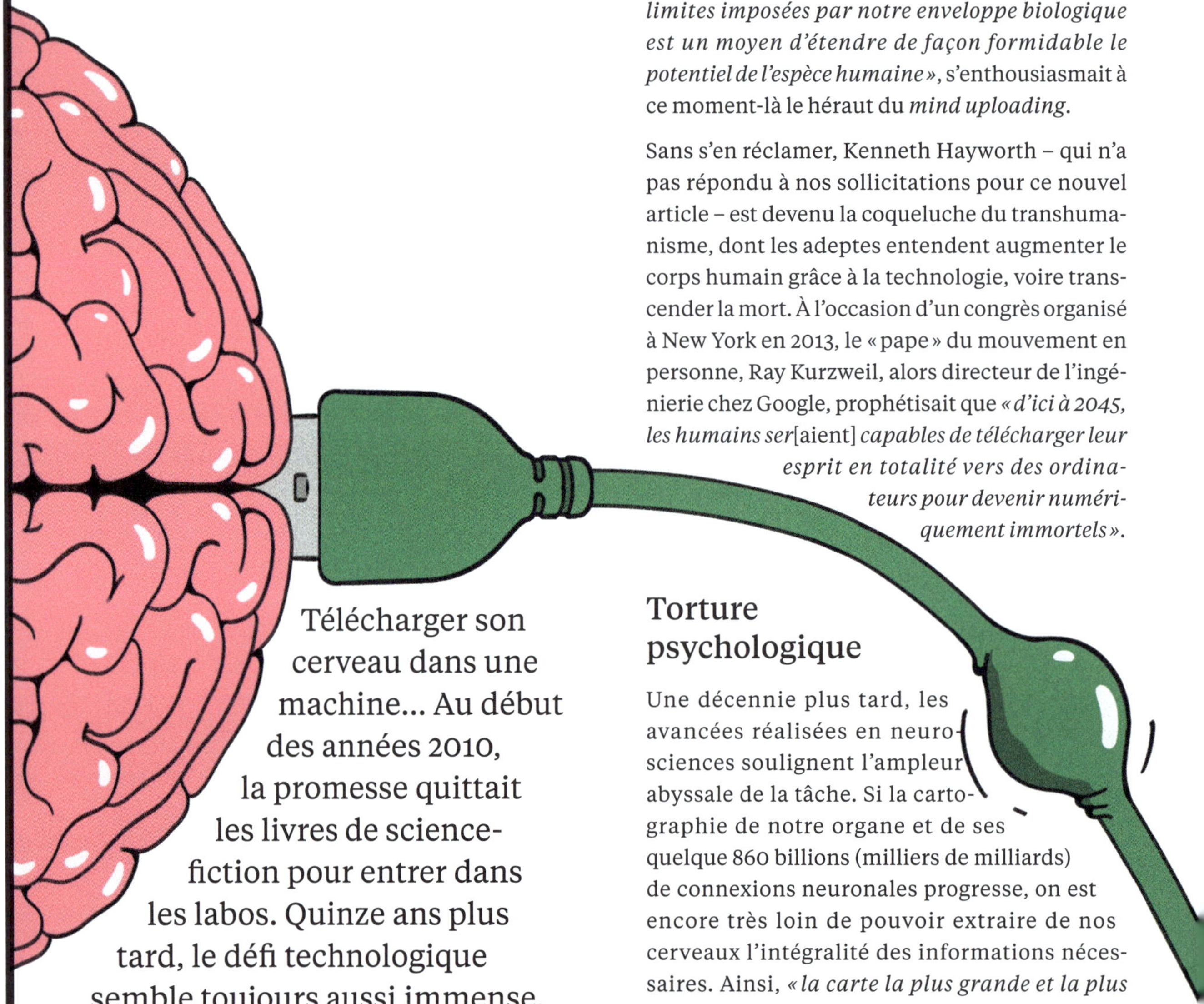

Télécharger son cerveau dans une machine… Au début des années 2010, la promesse quittait les livres de science-fiction pour entrer dans les labos. Quinze ans plus tard, le défi technologique semble toujours aussi immense. Mais la percée de l'IA, avec ses doubles virtuels, pourrait bien tout changer.

Texte
Sophie Kloetzli

IL Y A UNE DIZAINE D'ANNÉES, Kenneth Hayworth a connu une brève heure de gloire médiatique. Il faut dire qu'un post-doctorant à Harvard qui projette très sérieusement de mettre fin à ses jours pour sauvegarder puis télécharger son esprit dans un ordinateur, cela ne tombe pas du ciel tous les matins. Interviewé par *Usbek & Rica* en 2013 (voir p. 46), il envisageait à l'époque d'extraire son cerveau pour le plonger dans des bains qui « fixeraient » son état actuel et conserveraient les lipides, avant de le déshydrater et de le mouler dans une résine. *« La possibilité de sortir des limites imposées par notre enveloppe biologique est un moyen d'étendre de façon formidable le potentiel de l'espèce humaine »*, s'enthousiasmait à ce moment-là le héraut du *mind uploading*.

Sans s'en réclamer, Kenneth Hayworth – qui n'a pas répondu à nos sollicitations pour ce nouvel article – est devenu la coqueluche du transhumanisme, dont les adeptes entendent augmenter le corps humain grâce à la technologie, voire transcender la mort. À l'occasion d'un congrès organisé à New York en 2013, le « pape » du mouvement en personne, Ray Kurzweil, alors directeur de l'ingénierie chez Google, prophétisait que *« d'ici à 2045, les humains ser*[aient] *capables de télécharger leur esprit en totalité vers des ordinateurs pour devenir numériquement immortels »*.

Torture psychologique

Une décennie plus tard, les avancées réalisées en neurosciences soulignent l'ampleur abyssale de la tâche. Si la cartographie de notre organe et de ses quelque 860 billions (milliers de milliards) de connexions neuronales progresse, on est encore très loin de pouvoir extraire de nos cerveaux l'intégralité des informations nécessaires. Ainsi, *« la carte la plus grande et la plus détaillée du cerveau humain à ce jour »*, annoncée en grande pompe par l'équipe Connectomics de Google en juillet 2024, ne porte que sur 1 millimètre cube de tissu nerveux, soit la taille d'un demi-grain de riz. Accomplie à l'aide d'une intelligence artificielle, cette performance modeste en apparence a tout de même requis 1,4 pétaoctet (plus de 1 million de gigaoctets) de données pour l'encodage, une quantité comparable à celles qui sont stockées dans les data centers. Des ordres de grandeur qui interrogent la faisabilité de ce projet transhumaniste. *« Il se pourrait que la complexité du cerveau humain* [...] *soit tellement élevée qu'une copie informatique exigerait des ressources énergétiques dépassant les capacités de l'univers, ou un temps de calcul excédant sa durée de vie »*, soulève le chercheur Stanislas Deprez dans son ouvrage *Le Transhumanisme* (La Découverte, 2024).

La percée de l'IA continue néanmoins d'alimenter le rêve de l'immortalité numérique. Ces systèmes, dont les réseaux de neurones artificiels imitent le fonctionnement de notre organe, *« peuvent aider les neuroscientifiques à interpréter la structure du cerveau* (afin d'émuler correctement son comportement dans un modèle informatique, ndlr) *et ainsi à comprendre les circuits neuronaux, qui contiennent des informations cruciales pour configurer les fonctions cognitives »*, expliquait le neuroscientifique Randal Koene sur la chaîne YouTube SingularityNET, en juillet 2024. En retour, a ajouté le président de la fondation Carboncopies, qui finance des projets de recherche liés à l'émulation du cerveau, ces avancées serviront à faire progresser l'intelligence artificielle, et ainsi de suite.

Reste toutefois une interrogation de taille, que l'état actuel de nos connaissances ne permet pas de trancher : une conscience humaine, et a fortiori l'identité d'une personne, peut-elle réellement être transférée dans une machine ? La conception du cerveau comme un organe bien délimité orchestrant notre rapport au monde est mise à mal par la science. Ces dernières années, de nombreuses études ont notamment pointé du doigt le rôle de notre « second cerveau » – le microbiote intestinal – sur la santé mentale et les émotions. Plus largement, argue Nicolas Rougier, chercheur en neurosciences cognitives à l'Inria (Institut national de recherche en sciences et technologies du numérique), la cognition ne peut être qu'*« incarnée »* dans une enveloppe charnelle, lui donnant accès à une *« expérience sensible du monde »*.

Difficile, dès lors, d'imaginer à quoi ressemblerait une existence dématérialisée, fût-elle raccordée à un robot humanoïde ultra-réaliste. Une expérimentation sur la privation sensorielle effectuée dans les années 1950 par le neuropsychologue canadien Donald Hebb en souligne le potentiel dystopique. Coupés de leurs sens grâce à des lunettes, un casque et des gants, nombre de participants avaient jeté l'éponge au bout de deux ou trois jours. Incapables de développer une pensée cohérente, ils étaient victimes d'hallucinations sonores et visuelles... L'expérience fut si pénible que la CIA s'en est inspirée pour en faire un instrument de torture psychologique.

Une idée *« plus si folle »*

Il faut tout de même reconnaître aux gourous du téléchargement de l'esprit que ce fantasme a su coloniser nos imaginaires collectifs. Le phénomène n'est pas récent : dans les années 1980, le *mind uploading* avait déjà connu un premier élan avec l'avènement du cyberpunk. En mettant en scène une superintelligence artificielle capable de produire une copie numérique d'un individu, la trilogie romanesque *Neuromancien* (1984-1988) de William Gibson fait figure d'œuvre fondatrice.

Aujourd'hui, la thématique s'est banalisée jusque sur les plateformes de streaming. De l'épisode de la série *Black Mirror* « San Junipero » (2016) – du nom d'une simulation où peuvent « vivre » des personnes âgées ou décédées – à la série humoristique *Upload* diffusée sur Prime Video depuis 2020, le sujet touche à présent un large public au-delà des fans de science-fiction. *« L'idée de numériser la conscience humaine ne semble plus si folle et obscure. Désormais, c'est un concept que tout le monde peut saisir »*, constate Richard Morgan, auteur du polar cyberpunk *Altered Carbon* (2002). Adapté sur Netflix en 2018, ce classique du genre explore les ressorts sociologiques et psychologiques d'une société où les humains peuvent transférer leur esprit d'un corps à un autre. Évoquant l'essor fulgurant des smartphones et d'Internet, le romancier britannique développe : *« En 2002, l'idée centrale d'*Altered Carbon *était encore fondamentalement un concept de genre propre à la SF. Mais les vingt-cinq dernières années nous ont tous introduits de force dans un mode de vie qui est, en soi, imprégné de science-fiction. »* Au point que le rêve de Kenneth Hayworth, Randal Koene et consorts ne semble plus si subversif. De manière générale, confirme David Pucheu, enseignant-chercheur à l'université Bordeaux Montaigne, *« on assiste à une sorte de dilution du transhumanisme. Alors qu'il y a quinze ans, ce mouvement était soutenu par des gens très identifiables et des institutions, aujourd'hui, il n'y a plus besoin de se dire transhumaniste pour l'être. Ces idées ont désormais pignon sur rue »*.

Forfait « neuro »

Une victoire idéologique que l'on doit selon lui en bonne partie à la *« domination économique des acteurs du capitalisme digital, qui sont tous versés dans ces idées »*. Il suffit d'écouter Elon Musk, qui assurait lors d'une conférence en 2020 que sa start-up Neuralink permettrait un jour *« de sauvegarder vos souvenirs et de les restaurer »*, et même de les *« télécharger dans un nouveau corps ou dans un robot »*. À la différence des défenseurs originels du *mind uploading*, Elon Musk goûte toutefois peu la perspective d'une vie éternelle : *« Cela causerait l'asphyxie de la société* [...]. *Si les*

« L'idée de numériser la conscience humaine ne semble plus si folle et obscure. »

Richard Morgan
Auteur du polar cypberpunk *Altered Carbon*

Le bureau des archives

C'était il y a très exactement 11 ans, à l'été 2013. Nous avions interviewé Kenneth Hayworth, post-doctorant à Harvard au département de biologie cellulaire et moléculaire, sur son projet de *« conservation du connectome »*.

Extrait d'une interview réalisée par Cyril Fievet, publiée dans le nº 10 d'*Usbek & Rica* en juillet 2013

U&R

Quel serait l'intérêt de télécharger sa conscience dans un corps mécanique ou un ordinateur ?

K.H.

La préservation du cerveau et le téléchargement de l'esprit d'un humain dans un ordinateur ont le potentiel d'allonger nos vies. Mais ce n'est pas la seule raison qui justifie de s'y intéresser. Le fait d'avoir en permanence au-dessus de nos têtes ces épées de Damoclès que constituent la maladie ou le vieillissement nous limite fortement. Et la possibilité de sortir des limites imposées par notre enveloppe biologique est un moyen d'étendre de façon formidable le potentiel de l'espèce humaine.

U&R

Cela ne revient-il pas à donner un nouveau sens à la définition de l'humain ?

K.H.

Les gens sont très effrayés par l'idée que nous sommes des machines. Mais ils ont une compréhension restreinte de ce que signifie être une machine. Ils craignent que ces technologies réduisent leur humanité. Je pense, au contraire, qu'à partir du moment où nous accepterons pleinement l'idée que nous sommes des machines, en constatant l'état d'avancement de la biologie et des neurosciences, et en accueillant à bras ouverts l'athéisme et le matérialisme, nous découvrirons que le monde est un endroit bien plus grandiose. Si vous restez bloqué sur l'idée que nous sommes tous des âmes isolées, parfaitement uniques, séparées les unes des autres, vous êtes limité. En acceptant que nous sommes des machines, les frontières disparaissent. La copie n'est plus un problème, pas plus que la fusion. Se télécharger des compétences, comme dans le film *Matrix*, pour instantanément pouvoir piloter un avion ou pratiquer le karaté sans entraînement, devient possible.

Ce sont des sujets fantastiques sur le plan philosophique. Où sont les limites ? Quelle est la frontière entre un humain et un autre ? Ou entre la technologie et un humain ? Aujourd'hui, nous considérons que notre main fait partie de nous-même, mais pas notre voiture. Or, nous pourrions avoir la possibilité de brancher ou débrancher notre main, ou de brancher ou débrancher notre capacité à piloter une moto, ou encore de parler différentes langues juste en installant une application dédiée. Ce serait un monde vraiment excitant !

U&R

Vous semblez tranquillement optimiste…

K.H.

Je crois que cette question devrait être prise très au sérieux, et de plus en plus, au fur et à mesure que nous approchons de la maîtrise de ces techniques. Si nous poursuivons ces recherches, et si la communauté médicale s'empare de ces résultats pour établir une procédure chirurgicale qui fonctionne, je n'ai aucun doute sur la possibilité d'une préservation chimique du cerveau dans un avenir très proche. On peut estimer qu'il sera possible, dans les cinq ans à venir, de conserver le cerveau de nos proches, avec la certitude absolue que nous avons su préserver ce dont auront besoin les générations futures pour récupérer les souvenirs et l'identité de personnes disparues. *(Onze ans plus tard, force est de constater que ce n'est pas le cas, ndlr)* •

Plus d'un demi-siècle après la première cryogénisation d'un être humain, seules 600 personnes auraient, depuis, sauté le pas à l'échelle mondiale.

gens ne meurent pas, nous serons coincés avec de vieilles idées et la société n'avancera plus », alertait-il la même année auprès du média Business Insider.

Pompier pyromane, le milliardaire américain est coutumier des avertissements aux relents de promesses. Une rhétorique destinée à attirer des financements, souligne la sociologue spécialiste du transhumanisme Cécilia Calheiros. Et si l'optique d'une résurrection numérique séduit les géants de la Silicon Valley, elle joue avant tout les produits d'appel pour le transhumanisme. De fait, précise celle qui s'est penchée sur les militants français du mouvement, *« la question du téléchargement de l'esprit reste un fantasme amusant pour eux, mais pas forcément quelque chose de très sérieux »*.

Preuve en est, l'idée ne convainc pas encore assez pour faire décoller le marché de la cryogénisation. En 2018, la start-up Nectome, qui propose à ses clients de « vitrifier » leur cerveau afin de réaliser un copier-coller ultérieur des souvenirs qu'il contient, a bien réussi à amener le patron d'OpenAI, Sam Altman, à souscrire à ses services et à investir dans l'entreprise. Mais selon plusieurs estimations, plus d'un demi-siècle après la première cryogénisation d'un être humain, seules 600 personnes auraient, depuis, sauté le pas à l'échelle mondiale. La plupart du temps, en vue d'une conservation de la tête uniquement (forfait « neuro »), dans l'espoir d'une éventuelle résurrection numérique de leur cerveau. Si Nectome affirme que son procédé a fait ses preuves sur des mammifères, rien ne garantit pour l'heure aux patients humains qu'ils pourront revivre un jour, et l'on ignore dans quelles conditions. La firme restant floue sur l'échéance visée, il faudra que les clients s'arment de patience dans leur sommeil de glace.

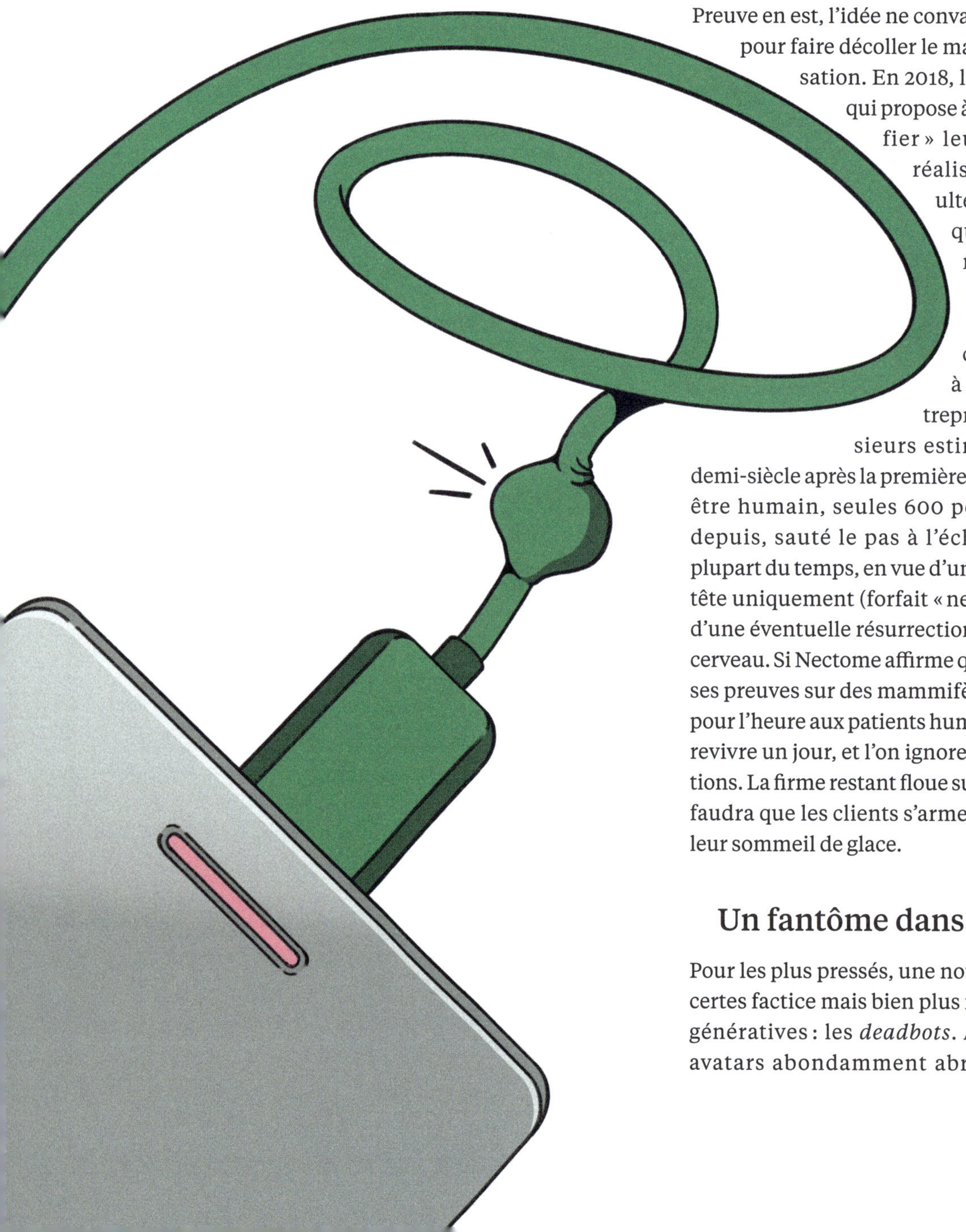

Un fantôme dans la machine

Pour les plus pressés, une nouvelle option existe, certes factice mais bien plus réaliste à l'ère des IA génératives : les *deadbots*. Autrement dit, des avatars abondamment abreuvés de données personnelles (conversations sur des messageries instantanées, contenus publiés sur les réseaux sociaux, interactions avec des agents conversationnels, etc.) censés simuler l'esprit d'une personne décédée, afin de permettre une communication *post-mortem* avec les vivants. *« Avec le temps,* [votre jumeau numérique personnel] *pourra même penser et parler comme vous »*, assure l'application MindBank, qui invite les utilisateurs à papoter le plus possible avec son IA en vue de peaufiner leur alter ego numérique.

Dans le futur, les progrès de l'intelligence artificielle pourraient ainsi résoudre indirectement le défi originel du téléchargement de l'esprit. *« Imaginez que vous ayez une super-intelligence analysant toutes ces données et essayant d'en déduire l'activité cérébrale qui aurait pu les produire,* déroule le philosophe Nick Bostrom, autre figure de proue du transhumanisme, dans une interview accordée l'an dernier à la chaîne YouTube Anastasi in Tech. *Cela semble concevable, en tout cas nous pourrions nous en rapprocher. »*

À supposer, bien sûr, que nous soyons prêts à réduire nos identités à une somme de data monnayables par des acteurs de la tech. À l'heure où le marché de la death tech explose – une étude de TA-Swiss, la Fondation pour l'évaluation des choix technologiques, parue en juillet 2024 répertorie plus de soixante applications spécialisées dans la *« digital afterlife »* –, on ne peut s'empêcher de constater que le discours tenu par Kenneth Hayworth en 2013 était sans doute plus visionnaire que l'on aurait pu le croire. En particulier lorsqu'il nous enjoignait, un brin provoc mais tout à fait sérieux, d'*« accepter que nous sommes des machines »*. •

L'avis de l'expert :

Albert Moukheiber

« On est tenté de considérer le cerveau comme une machine que l'on pourrait étudier rouage par rouage, pièce par pièce, zone par zone. Cette approche réductionniste a permis d'incontestables progrès scientifiques par le passé, mais elle a aussi conduit à plusieurs impasses. Elle fait par exemple fausse route sur la manière dont fonctionne le cerveau, en le traitant comme un centre opérationnel, positionné en surplomb, qui compulse, calcule et synthétise les données. En réalité, ce n'est pas un général en chef régentant nos vies, mais un médiateur entre notre corps et nos relations au monde. C'est tout notre être qui sent, réfléchit et agit. Mon cerveau est incarné dans un corps, lui-même incarné dans son environnement. Mon ouïe lui donne beaucoup moins d'informations que l'on croit, et notre perception est en vérité un paysage morcelé qu'il faut recomposer. Le cerveau corrige, reconstruit, "hallucine", anticipe certains mots parfois, à partir de nos connaissances et de l'environnement dans lequel il évolue. D'où l'absurdité, à mon sens, de vouloir le recréer artificiellement dans un bocal : c'est un organe complexe, qui ne fonctionne pas sur un principe de causalité linéaire. Vous aurez beau (re)faire des synapses et des neurones, produire de la dopamine, de la sérotonine, etc., vous n'aurez fabriqué ni amour, ni haine, ni ego, ni conscience. Autant de propriétés émergentes que le niveau biologique ne suffit pas à expliquer. »

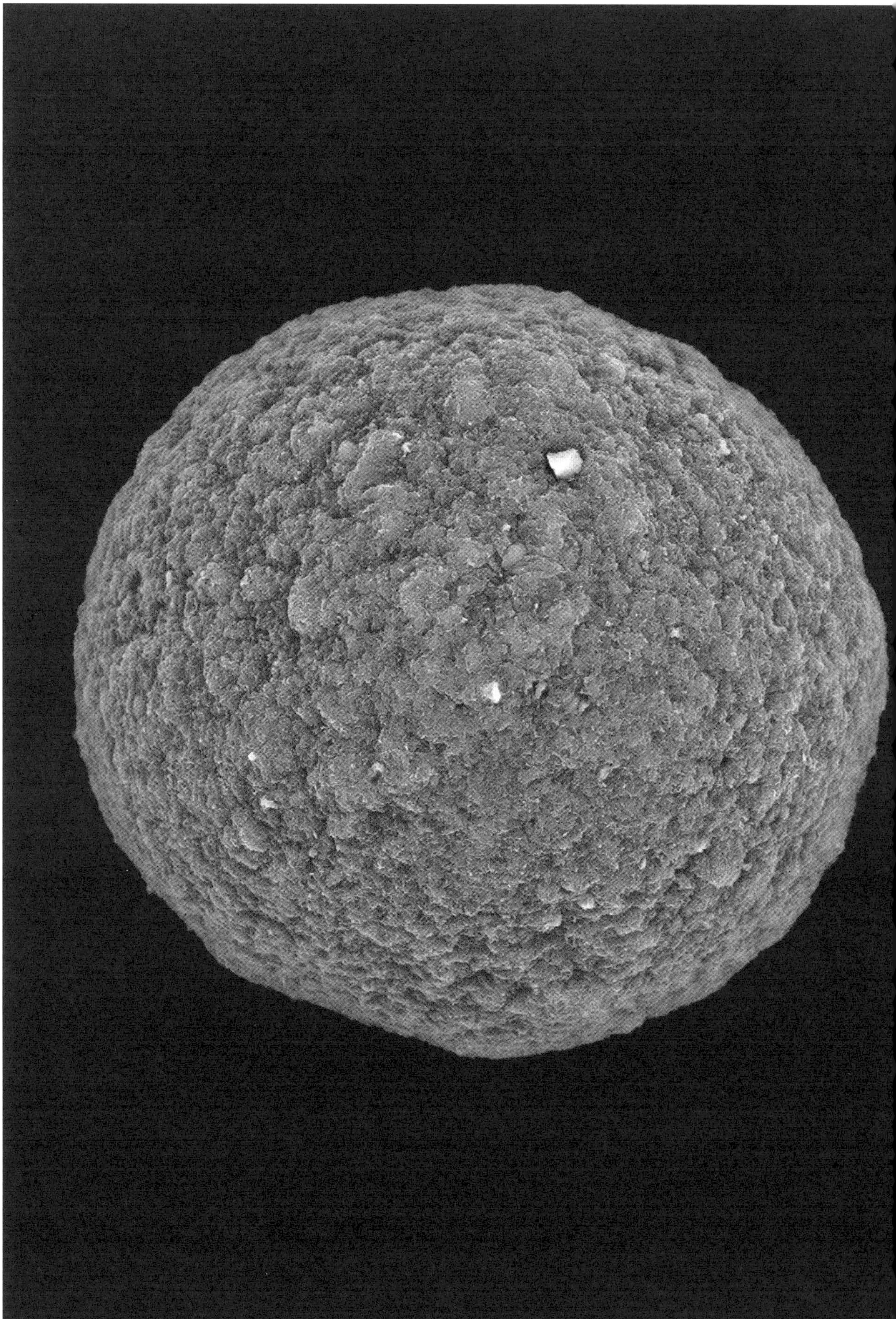

«Je rêve d'un tissu nerveux avec qui l'on pourrait discuter»

Une «machine pensante» fabriquée à partir de neurones humains vivants : c'est le projet un peu fou porté par la start-up suisse FinalSpark, qui entend repousser les limites de l'intelligence artificielle. Un procédé encore balbutiant qui bouscule la manière dont on conçoit notre propre matière grise. Visite guidée de son laboratoire à Vevey, à quelques encablures de Lausanne.

Texte
Sophie Kloetzli

Cet organoïde cérébral a été construit à partir de 10 000 neurones vivants et mesure environ 0,5 mm de diamètre.

ET SI LA PROCHAINE RÉVOLUTION de l'intelligence artificielle n'émanait pas des immenses open spaces de la Silicon Valley mais des tubes à essai d'un labo de chimie campé sur les rives du lac Léman ? Depuis cinq ans, la deeptech FinalSpark travaille sur un projet peu commun pour une start-up en informatique : elle «cultive» des neurones humains in vitro, appelés «organoïdes», pour en exploiter la puissance de calcul. Une alternative vivante (et subversive) à nos bons vieux processeurs en silicium, qui consommerait un million de fois moins d'énergie.

Amas de neurones vivants

«Cultiver des neurones»... L'expression réveille tout un pan de la science-fiction, de l'univers dystopique de la saga *Matrix*, où les corps humains fournissent en énergie des machines informatiques devenues conscientes, au cerveau flottant du démoniaque Morbius dans la série *Doctor Who* (1976). *«Au niveau scientifique, il n'y a presque aucun travail là-dessus* (sur la culture de véritables cerveaux artificiels en bio-informatique, ndlr)», rassure le cofondateur de FinalSpark, Fred Jordan. Et le mathématicien en sait quelque chose : avec l'australien Cortical Labs et l'américain Koniku, la start-up suisse fait partie des trois entreprises dans le monde à faire de la recherche fondamentale dans ce domaine, précise-t-il en nous ouvrant les portes de son laboratoire au cœur de l'été.

La banalité du décor contraste avec le caractère noble, quasi spirituel, que l'on attribue spontanément à la matière grise. C'est dans une petite pièce au lino gris remplie de tubes, de flacons et de pipettes que sont créés et manipulés les organoïdes cérébraux. Ces amas de neurones vivants, dont la durée de vie n'excède pas une centaine de jours, sont issus de cellules souches elles-mêmes obtenues à partir de cellules de la peau humaine, déroule Fred Jordan en enfilant des gants en latex. Ouvrant la porte de l'incubateur réglé sur 37 °C, il extrait précautionneusement un boîtier qui en contient quelques-uns. Le résultat, admettons-le, est loin d'être aussi filmogénique qu'attendu. Les organoïdes en question sont à peine perceptibles à l'œil nu, de l'ordre d'un demi-millimètre. Placés sous le microscope, ils ressemblent à de petites sphères sombres à la texture semblable à celle du jaune d'œuf, ondulant mollement dans leur liquide.

Shot de dopamine

Les prototypes de bio-ordinateurs, eux, resteront sagement rangés en bas de l'incubateur. Il faudra profiter de la brève ouverture de la porte pour se pencher un instant sur ces curieux dispositifs à mi-chemin entre la machine et le vivant, reliés à une profusion de tuyaux et de câbles. Chacun d'entre eux contient quatre organoïdes irrigués en permanence par un fluide nutritif, lesquels sont placés au contact de huit électrodes, semblables à des fils ultra-fins, qui enregistrent leur activité électrique et leur envoient des simulations sur commande. Le tout depuis un ordinateur tout à fait classique, dont l'écran affiche de légères oscillations rappelant qu'ils sont bel et bien vivants.

L'ambition ? Apprendre aux organoïdes à réaliser des tâches précises, en modifiant les connexions synaptiques (entre les neurones). Par exemple, piloter un objet virtuel le long d'un axe. Les prémices d'un champ de recherche – les sciences du comportement in vitro – qui reste encore presque entièrement à défricher. La méthode d'apprentissage est peu ou prou la même que celle que l'on emploie avec les rats de laboratoire et s'appuie sur les mêmes mécanismes de récompense et de punition. Fred Jordan et sa petite équipe (ils sont six dans l'entreprise) ont remarqué que ceux que l'on surnomme abusivement « mini-cerveaux » « aiment » la dopamine et les signaux électriques envoyés de manière régulière et prédictible, et « détestent » les signaux aléatoires.

C'est aussi grâce à ce principe que Cortical Labs avait fait sensation en 2021 lorsqu'il était parvenu à faire « jouer » ses organoïdes à une version simplifiée du célèbre jeu vidéo *Pong*, où le défi consiste à déplacer une raquette pour renvoyer une balle. Dans un article publié par la revue *Cell* l'année suivante, des chercheurs affirment y voir la preuve que les organoïdes sont doués de « sentience », définie comme la *« sensibilité à des impressions sensorielles »*. Ce qui, insiste le responsable scientifique de l'entreprise australienne, Brett Kagan, dans une interview accordée au média New Atlas, n'a aucun rapport avec une quelconque forme de conscience. Pas de risque, donc, de voir de potentiels esprits dotés d'une personnalité coincés dans des tubes à essai. En tout cas à ce stade, au vu de la taille très réduite

« Pour avoir manipulé des cellules de rats et des cellules humaines au microscope, elles ne sont pas si différentes... Je veux bien que l'on soit très brillant, mais ce n'est pas évident quand on regarde nos cellules. »

Fred Jordan
Cofondateur de FinalSpark

des amas de neurones utilisés (chaque organoïde cultivé comportant entre 5 000 et 10 000 neurones – en comparaison, une mouche en possède dix fois plus).

Une preuve de sentience

« [Les organoïdes] *montrent les marqueurs d'une organisation structurelle que certains pourraient appeler "intelligence"* », estime pourtant Brett Kagan. Sentience, conscience et intelligence : des concepts qui peinent toujours, après des millénaires de débats philosophiques, à trouver une définition consensuelle. À cheval entre les catégories (personnes et choses, vivant et non-vivant), les organoïdes troublent notre manière de penser le monde, confirme le philosophe Bernard Baertschi, membre du comité éthique de l'Inserm (Institut national de la santé et de la recherche médicale). *« Ils nous rappellent que la vie n'est rien d'autre que de la chimie, d'une certaine manière. »*

Une hybridité qui donne du grain à moudre aux éthiciens. *« Implicitement, cela interroge la façon dont nous nous considérons,* affirme en écho Fred Jordan, qui précise avoir inclus dans son équipe des spécialistes en éthique. *Pour avoir manipulé des cellules de rats et des cellules humaines au microscope, elles ne sont pas si différentes… Je veux bien que l'on soit très brillant, mais ce n'est pas évident quand on regarde nos cellules. »* Manière un brin provoc de tempérer la subversivité du projet, qui s'inscrit dans une nouvelle industrie dont on ignore encore l'ampleur des applications et des répercussions.

Un flou qui réfrène jusqu'aux géants de la tech : *« Google, Intel, Nvidia et Microsoft, avec qui nous avons eu des échanges, ne comprennent absolument pas ce que l'on fait. C'est un peu* too much *pour eux* », s'amuse le dirigeant de FinalSpark. Pourtant, Fred Jordan ne s'en cache pas, il partage avec les mastodontes de l'IA comme OpenAI et Anthropic le fantasme d'une intelligence artificielle générale : *« Je rêverais de ça,* confie-t-il. *Un tissu nerveux avec qui l'on pourrait discuter comme avec ChatGPT, mais qui comprendrait ce dont il parle. Une intelligence sensible. »* Reste à voir si l'enthousiasme sera partagé par ces neurones réduits à leur statut d'outil, si tant est qu'ils puissent un jour l'exprimer. ●

Ce dispositif équipé d'électrodes accueille les organoïdes mis au point par la start-up FinalSpark.

J'ai hacké mon cerveau pour doper ma mémoire

La mnémotechnique permet d'invoquer des images pour retenir d'immenses quantités d'informations. Pendant un mois, une journaliste d'*Usbek & Rica* a suivi les exercices des mentalistes. Crash test.

Texte
Mathilde Simon

« TOUT LE MONDE SOUS-ESTIME SA MÉMOIRE. » Lorsque le sourire Colgate de Fabien Olicard est apparu pour la première fois sur mon écran, j'étais… suspicieuse. J'ai du mal à prendre au sérieux les promesses des mentalistes. Mémoriser le contenu d'un catalogue IKEA pour amuser la galerie numérique, c'est pas trop mon genre.

Et pourtant. Je me suis engagée auprès de la rédaction à suivre les conseils de ces champions de la mémoire pour dompter la mienne, sauvagement anarchique, et apprendre des choses qui me désintéressent. Mais peut-être pas des références de meubles suédois quand même. Quitte à souffrir, autant que ça me ressemble : d'ici à un mois, je connaîtrai la date de naissance de cinquante personnalités politiques. Je m'y vois déjà : Yaël Braun-Pivet ? 7 décembre 1970. Dominique de Villepin ? 14 novembre 1953, évidemment !

Bon, pour le moment, je suis loin de pouvoir remplir un zénith : tout ce que je sais par cœur, c'est une recette de crêpes et *How Deep Is Your Love* des Bee Gees. Mais il paraît que c'est normal : à l'école, personne ne nous apprend à apprendre. Au téléphone, Fabien Olicard essaie de me rassurer. Parmi ses 2,21 millions d'abonnés sur YouTube, il doit coacher des cas plus désespérés que moi. *« La porte d'entrée de la mémoire, ce sont l'attention et l'émotion. »* D'accord, mais du coup, comment on fait pour retenir des chiffres quand on y est allergique ? *« Les nombres ne veulent rien dire pour notre cerveau. Mais heureusement, il existe des astuces pour les rendre assimilables. »*

Pour voler la vedette à Wikipédia, je dois apprendre à maîtriser deux outils mnémotechniques : d'abord, les « tables de rappel », des tableaux de chiffres associant chacune des cent cases à une image selon une logique aussi personnelle que possible. J'ai relié le 12 à des huîtres (que j'achète par douzaine), le 33 à un cannelé (la spécialité de la Gironde où j'ai vécu), le 11 ressemblait, lui, à deux skis et le 8 à un manège. En parallèle, j'ai dû construire mon « palais mental » : un lieu imaginaire divisé en douze pièces correspondant aux mois de l'année, pour y visualiser les images-chiffres. J'ai donc attribué janvier au salon de mon enfance, février à la cuisine, et ainsi de suite.

Il n'y a pas de secret, la pratique demande de la rigueur et de la régularité. C'est là que le bât blesse. Il a suffit d'une semaine à m'entraîner à lier une image farfelue à un chiffre et à répéter mes tables trois fois par jour comme une écolière pour que ma mauvaise volonté revienne au galop : après tout, je n'ai pas besoin de retenir les numéros de téléphone de mes proches, j'ai un smartphone pour ça ! Alors que m'apparaissent des visions absurdes d'Arnaud Montebourg dans ma salle de bains, une chandelle à la main et un canard sur l'épaule, je doute. À quoi bon ?

Après quelques jours de procrastination, Fabien Olicard parvient à me remotiver : mémoriser les informations avec précision pourrait affiner la pensée. *« La mémoire permet d'argumenter et de développer un avis nuancé. »* Mon âme de journaliste se réveille : penser mieux, ça, ça me parle.

Un mois plus tard, je n'ai retenu qu'une quinzaine de dates (ce qui m'a essentiellement permis de faire le show en soirée), je suis moins allergique aux chiffres, mais surtout, lorsque je songe à la différence de consommation d'électricité entre une recherche Google et une requête sur ChatGPT, j'imagine désormais Sam Altman mangeant une soupe face à Larry Page qui se cuit un œuf. Et rien que pour ça, l'expérience valait le coup. ●

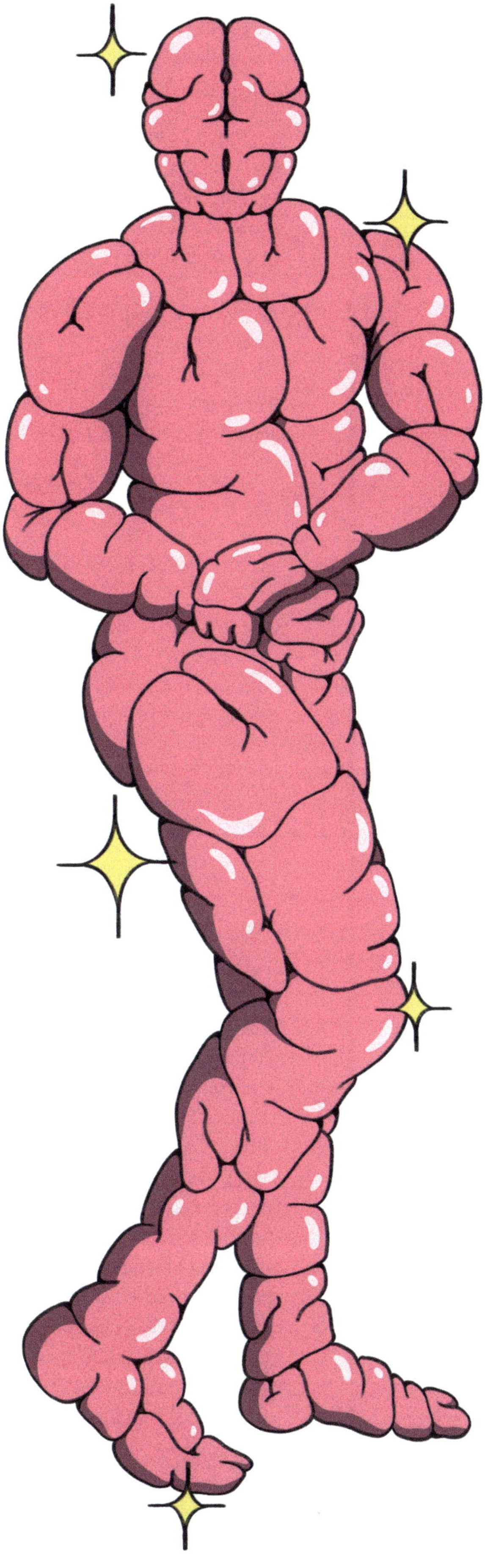

L'avis de l'expert :

Albert Moukheiber

« Il faudrait surtout se montrer moins obsédé par la quête de productivité. Aujourd'hui, les enfants sont inscrits à quatorze activités extra-scolaires, chaque minute de vacances est à faire fructifier… On ne s'ennuie plus, or, c'est une compétence essentielle ! Ne serait-ce que pour accroître sa tolérance à la frustration. Idem au travail. Procrastiner peut s'avérer une forme de désengagement bénéfique. Des pauses pour se relaxer, prendre du recul, évaluer ses intentions avant d'agir : le cerveau a besoin de plages de repos. Vous ne pouvez pas mobiliser toutes vos compétences sur toutes les tâches qui vous incombent ni être constamment la meilleure version de vous-même. Ou préparez-vous au burn-out. Mais vu le boom des nootropes, ou *smart drugs*, je ne suis pas certain que l'on prenne ce chemin. Le pouvoir de séduction d'un enrobage "neuro" a de beaux jours devant lui. Mais aucun produit miracle ni technique de développement personnel ne va soudain débloquer vos compétences. Rien ne vaut une bonne hygiène de vie tout simplement. Dormir, boire de l'eau, s'alimenter sainement, faire du sport et… pratiquer la matière, le talent, la capacité, bref, ce que vous souhaitez apprendre ou maîtriser. Sans apprentissage, point de salut. Le cerveau est un organe qu'il faut utiliser et qui réclame des activités diversifiées – évitez la monotâche – mais également de la mobilité. La sédentarité ne fait pas seulement souffrir notre corps, elle est aussi mauvaise pour nos neurones. »

Dossier

À quoi ressemblera le cerveau du futur ?

Nos cerveaux vont muter au gré des évolutions sociales et technologiques des prochains siècles. Seront-ils moins genrés, plus pacifiques ou bien dotés de nouveaux sens ? Tour d'horizon de trois scénarios plus ou moins écrits d'avance.

Texte
Pablo Maillé

« L'HUMANITÉ EST LE RÉSULTAT IMPROBABLE de quatre milliards d'années d'évolution. [...] *Les pressions sélectives qui ont dominé dans le passé – les prédateurs, la famine, la peste, les guerres – ont presque disparu. Mais* [...] *l'environnement non naturel que nous avons créé – la culture, la technologie, les villes – en exerce de nouvelles »*, prévient Nick Longrich, paléontologue et biologiste de l'évolution à l'université de Bath, dans un article publié en 2022 par le site The Conversation. Des pressions dont nous peinons encore à mesurer l'étendue mais qui dessinent une certitude : dans quarante siècles, notre cerveau n'aura plus la même structure. À quoi ressemblera-t-il alors ? Pour le découvrir, *Usbek & Rica* s'est plongé dans les dernières recherches scientifiques sur le sujet.

Vers un cerveau dégenré ?

Déjà en cours

Fouiller les archives scientifiques amène parfois à déterrer de véritables pépites sexistes, notamment quand on s'intéresse au cerveau. Lorsque le célèbre médecin français Paul Broca écrit en 1861 que *« la femme est en moyenne un peu moins intelligente que l'homme »* – constat qu'il lie à *« la petitesse relative de* [son] *cerveau,* [qui] *dépend à la fois de son infériorité physique et de son infériorité intellectuelle »* –, il s'inscrit dans le terreau culturel et intellectuel de son époque.

Un siècle et demi plus tard, le consensus a heureusement évolué. Il est désormais établi que le volume de la boîte crânienne est proportionnel à la taille du corps et non à l'intelligence, et surtout qu'il existe davantage de différences entre les cerveaux de personnes d'un même sexe qu'entre les deux sexes.

Longtemps figée dans une bicatégorisation trompeuse, la biologie a ainsi découvert, ces dernières décennies, la notion de plasticité cérébrale. *« On sait maintenant que nos interactions sociales, nos apprentissages et notre environnement influencent directement la structure et le fonctionnement de notre cerveau »*, retrace la neurobiologiste Catherine Vidal, directrice de recherche honoraire à l'Institut Pasteur et membre du comité d'éthique de l'Inserm. Après la naissance, la fabrication de nos facultés mentales est en effet loin d'être achevée, car les connexions entre les neurones (les synapses) commencent à peine à se former. Celles-ci évoluent au gré des itinéraires de vie propres à chacun. C'est le fameux « rose pour les filles, bleu pour les garçons » : dès l'enfance, le développement de notre cerveau dépend de notre socialisation plus ou moins genrée, au point de brouiller ce qui relève purement du biologique ou du social.

« Cette variabilité l'emporte sur tous les autres facteurs. La classification binaire

qu'on tenait pour acquise est devenue caduque», synthétise la scientifique. En 2024, des chercheurs de l'université Stanford (Californie) affirment pourtant dans une étude publiée par la revue *Proceedings of the National Academy of Sciences* qu'il y a des *«preuves irréfutables de l'existence de différences sexuelles reproductibles et généralisables dans l'organisation fonctionnelle du cerveau humain»*. Striatum, réseau limbique, cortex orbitofrontal… Si les différences entre hommes et femmes constatées dans cette étude, basée sur un modèle mathématique de classification d'images IRM, sont indéniables (et déjà établies), il est difficile d'identifier leur origine. Pas de quoi conclure à un déterminisme biologique, donc. *«Les biais idéologiques dans l'interprétation des résultats scientifiques sont toujours bien présents au XXIe siècle»*, regrette Catherine Vidal.

Dès lors, si la variabilité des comportements reflète les progrès réalisés par la société en matière d'égalité, le cerveau humain tendrait-il vers l'indifférenciation de genre ? Autrement dit, est-il possible que d'ici à quelques décennies, nos cerveaux se ressemblent de plus en plus ? Possible, mais pas certain. *«Surtout au vu des reculs sur le plan des droits des femmes qu'on observe depuis quelques années aux États-Unis et ailleurs»*, commente la scientifique. Une étude, publiée en mai 2023 par des chercheurs de diverses universités américaines, constate que l'hémisphère droit du cerveau est plus mince chez les femmes que chez les hommes qui vivent dans les pays où il existe de fortes inégalités de genre (Inde, Turquie, Brésil, etc.). En cause, notamment, le niveau d'anxiété auquel les femmes y seraient exposées. Et Catherine Vidal de conclure : *«Tous les êtres humains ont et auront toujours des cerveaux différents, par la diversité de leurs expériences de vie, au-delà du sexe et du genre.»* En somme, libre à nous de construire celui de demain. Alors, plutôt que de s'attaquer au cerveau, si on changeait plutôt la société dans laquelle il évolue ?

Vers un cerveau pacifiste ?

Possible, mais pas certain

«Reptilien» : dans le langage courant, le terme renvoie soit à une élucubration conspirationniste, soit à la théorie, non moins douteuse, du «cerveau reptilien». Forgée par le neuroscientifique américain Paul MacLean dans les années 1960, elle a popularisé l'idée selon laquelle le cerveau serait partagé en trois parties, correspondant chacune à une étape de notre évolution. Le plus primitif, le fameux «cerveau reptilien», serait à l'origine de comportements primaires, de la jubilation devant la défaite d'une équipe de foot adverse à la déclaration de guerre.

Invalidée par la communauté scientifique, cette théorie laisse aujourd'hui place à des études plus nuancées sur le rôle du cerveau en matière de conflit. En 2019, des chercheurs de l'université d'Albuquerque (Nouveau-Mexique) ont constaté que le cerveau des auteurs d'homicide, comparé à celui de prévenus condamnés pour de plus petits crimes et délits, présentait des déficits notables de matière grise. Et s'il n'existe pas d'«aire cérébrale du meurtre» ou de «bosse du crime», comme l'affirmait la phrénologie au XIXe siècle, les résultats montrent des altérations concentrées sur les circuits essentiels aux interactions sociales et au contrôle des émotions et de l'action. Des déficits semblables à ceux observés chez les personnes victimes, enfants, de maltraitances ou de négligences.

Là encore, difficile de statuer sur ce qui relèverait de l'inné ou de l'acquis, tant la plasticité cérébrale joue un rôle primordial dans la structuration du cerveau. *«Certains pensent que le cerveau des meurtriers ne peut changer et qu'il faut donc les incarcérer à vie»*, regrette Jean Decety, l'un des auteurs de l'étude, pour qui *«un déficit anatomique de certaines régions cérébrales ne peut être la cause unique de ces comportements violents»*. Une mise en garde qui fait écho aux travaux du chercheur britannique Nafees

Hamid, qui s'est intéressé aux scanners cérébraux de personnes « en voie de radicalisation » et « déjà radicalisées » au sein de divers groupes armés (d'Al-Qaïda au Parti des travailleurs du Kurdistan). Ses recherches montrent que la propension au conflit diminue lorsqu'un échange critique a lieu. Autrement dit, *« c'est l'environnement social et politique qui fait que les gens deviennent ou non agressifs, et non l'inverse »*, résume la neurobiologiste Catherine Vidal.

Reste pourtant cette idée tenace : la guerre serait profondément inscrite dans nos neurones. Rien de plus trompeur pour Veronika Engert, professeure de neurosciences sociales à l'université Jena (Leipzig), qui estime que la perspective d'un cerveau humain moins belliqueux à l'avenir dépend surtout de l'utilisation que les générations futures feront de leur précieux organe.

Dans ses travaux, la scientifique distingue notamment l'empathie de la compassion, deux concepts souvent employés de manière interchangeable qui reposent pourtant sur des fondements neuronaux différents : la première implique de partager et de comprendre la douleur d'autrui (ce qui stimule les régions du cerveau liées à la douleur) ; la seconde se caractérise par le désir d'atténuer la souffrance d'autrui et active les circuits de la récompense. Dès lors, favoriser la compassion permettrait d'améliorer l'efficacité des processus de négociation… et donc de vivre (enfin) dans un monde en paix.

Un constat qui résonne avec les cours d'empathie (que l'on devrait peut-être renommer « cours de compassion ») mis en place en France dans certaines écoles primaires depuis janvier 2024. *« La majeure partie du développement de chaque cerveau ne se produit pas pendant la gestation mais après la naissance »* *(voir p. 24)*, rappelle Nafees Hamid. Un motif d'espoir pour le futur.

Vers l'acquisition de nouveaux sens ?

Probable

« Nos sens limitent notre réalité. » Depuis dix ans, à chacune de ses interventions, David Eagleman répète la même formule. Chemise noire et cheveux brossés en arrière, le neuroscientifique américain défend une hypothèse séduisante : en nous appuyant sur la substitution sensorielle – la conversion des stimuli spécifiques à une modalité sensorielle en un signal interprétable par un autre sens –, nous pourrions *« créer de nouveaux sens »*. Par exemple, si l'on transformait en vibrations la mesure de l'altitude (grâce à un dispositif technologique), un pilote pourrait ressentir qu'il vole précisément à 4 235 mètres. *« Nous n'avons plus besoin d'attendre que Mère Nature nous octroie des dons* […]. *À mesure que nous avançons dans le futur, nous allons pouvoir choisir de plus en plus nos propres appareils de perception périphérique. »* Exit les cinq sens : les progrès technologiques pourraient nous permettre, demain, d'éprouver les infrarouges, notre taux de glycémie ou l'état de notre microbiote. *« Ce qui m'intéresse en tant que neuroscientifique, c'est comment la technologie pourrait étendre notre environnement perceptible, et comment cela changerait notre manière d'être humain »*, explique David Eagleman.

Dans une conférence TED donnée en 2015, le scientifique s'était présenté vêtu d'une veste équipée de petits modules convertissant les tweets postés par le public en vibrations. Le motif variait selon le caractère positif ou négatif des messages publiés. En récitant son discours, il percevait ainsi en temps réel les opinions de la salle. Une innovation qui, sous ses airs de gadget, pourrait *« redonner l'ouïe »* aux personnes sourdes en traduisant les mots en *« vibrations phonétiques »* – du moins si l'on en croit les promesses de sa start-up qui travaille sur ce projet. Ou transformer n'importe quel signal extérieur en un langage physique intelligible (une perspective que la recherche accueille avec une grande prudence).

Mais est-ce qu'un tel dispositif permettrait véritablement de créer de nouveaux sens ? Le débat autour de ce qui constitue un « sens » ne date pas d'hier. Les cinq que l'on enseigne à l'école primaire doivent leur catégorisation à Aristote. Or, de nombreux scientifiques reprochent au philosophe grec de s'être contenté d'analyser les organes de détection des informations environnementales, sans prêter attention aux critères « internes » qui nous renseignent sur l'état de notre corps et sur nos réactions aux stimulations extérieures. Une omission qui a poussé le physiologue anglais Charles Scott Sherrington, en 1906, à compléter la liste. Pourquoi ne pas ajouter à l'ouïe, à la vue, au toucher, au goût et à l'odorat la proprioception, notre capacité à identifier l'emplacement de nos propres membres ? Grâce à des récepteurs sensoriels qui informent en permanence notre cerveau sur l'état de tension de nos muscles, ce sens nous permet notamment de gérer nos déplacements. Et qu'en est-il de notre équilibrioception, sans laquelle nous passerions notre vie à tomber ? Enfin, que serions-nous devenus sans la thermoception, qui nous sert à détecter la température ?

Si l'être humain semble désormais indissociable de ses précieux outils de perception, il est bon de rappeler que l'évolution est une longue succession de mutations. Dans une étude publiée en 2011, des chercheurs américains ont démontré qu'il y a 500 millions d'années, l'un des ancêtres aquatiques des vertébrés était doté de l'électroréception et de la magnétoréception (qui permettent de percevoir les champs électriques et magnétiques)… jusqu'à ce que la sélection naturelle en décide autrement. Or, celle-ci étant par définition imprévisible, rien ne nous dit que ces sens non humains ne pourraient pas, un jour, faire leur come-back… Rendez-vous dans un petit demi-milliard d'années ? •

L'avis de l'expert :

Albert Moukheiber

« Depuis 45 000 ans, notre cerveau n'a pas changé. Ni l'écrit, ni la lecture, ni la roue, ni la sédentarisation n'ont réussi à le transformer. Il serait donc un peu présomptueux de croire qu'on y parvienne à moyen terme. Quelques mises en garde malgré tout : si l'on veut développer un dixième sens – on en compte déjà neuf –, c'est toute une réorganisation biologique généralisée qui sera nécessaire. Agir seulement sur le cerveau me semble vain. Encore une fois, le cerveau n'est pas un ordinateur auquel vous pouvez retirer un composant. Tout y est imbriqué, et vous risquez seulement de créer un enchaînement en cascades d'implications non désirées. Si je déconnecte une éventuelle aire de la consommation, je vais surtout risquer de mourir de faim… Le pacifisme, typiquement, me semble un concept trop complexe pour croire qu'il suffirait d'activer ou de désactiver la zone adéquate. Qu'il soit encodé, à l'instar de la morale ou de l'éthique dans nos cerveaux, peut-être, mais si c'est le cas, il fonctionne en réseau, et non en silo. Imaginons demain que l'on puisse "l'éteindre", que va-t-on couper en même temps ? Par ailleurs, on peut se demander s'il serait souhaitable d'appliquer une telle doctrine. Une société peut parfaitement être pacifique mais injuste : dès lors, d'où viendra l'impulsion pour combattre ? »

Dossier

Chaleur : halte à la fonte de nos cerveaux

Depuis 2022, l'OMS considère le changement climatique comme une menace pour *« la santé cérébrale des individus »* et *« la société dans son ensemble »*. Une prise de conscience tardive. Alors que la Terre devrait se réchauffer de 3,2 °C d'ici à 2100, selon les projections du GIEC, les neuroscientifiques s'inquiètent des dégâts à venir sur nos cerveaux.

Texte
Émilie Écharoux

ÉTÉ 2003. Dans les couloirs des hôpitaux de Paris, on ne sait plus où donner de la tête. Tandis que le pays traverse une canicule inédite (la plus chaude depuis cinquante-trois ans), les urgences débordent de patients en soins intensifs. Les mêmes diagnostics tombent inlassablement : déshydratation, coup de chaud, hyperthermie, dyspnée... Au total, 15 000 personnes – dont un tiers de Franciliens – décèdent entre le 1er et le 20 août. Parmi les survivants, nombreux sont ceux ayant conservé des séquelles parfois incurables. À l'hôpital Lariboisière, pas moins de 50 % des personnes hospitalisées pendant cette canicule meurtrière présentaient à leur sortie des problèmes neurologiques, parmi lesquelles des lésions cérébrales résiduelles, des polyneuropathies (une anomalie fonctionnelle des nerfs périphériques) et des syndromes cérébelleux (provoqués par une atteinte du cervelet).

« À l'avenir, on verra apparaître des maladies neurologiques dans certaines parties du monde qui n'avaient jusqu'ici connu aucun cas. »

Sanjay Sisodiya
Professeur de neurologie à l'University College de Londres

Le constat est implacable : les vagues de chaleur abîment notre cerveau et ses milliards de cellules nerveuses. *« Pour fonctionner correctement, cet organe – qui commande tous les autres – doit être maintenu dans une plage de température relativement étroite,* explique Sanjay Sisodiya, professeur de neurologie à l'University College de Londres. *Nous savons qu'un grand nombre des composants essentiels aux fonctions cérébrales sont extrêmement sensibles aux températures extérieures élevées. Mais nous n'en connaissons pas encore les limites précises. »* De son côté, une étude britannique – parue en 2022 – estime que la température interne du cerveau, lorsqu'il est sain, oscille entre 36,1° et 40,9°. Au-delà, la chaleur serait perçue comme un facteur de stress qui affecterait plus intensément les seniors, les femmes enceintes, les nourrissons, mais aussi les patients atteints de pathologies neurodégénératives. En tout, 12 % des victimes recensées en août 2003 souffraient préalablement de maladies du système nerveux ou de troubles mentaux.

Anomalies et maladies

Particulièrement meurtrier, cet épisode caniculaire offre un avant-goût des pressions neurologiques que subiront les générations nées après 2020, qui connaîtront sept fois plus de vagues de chaleur que leurs grands-parents. *« Les enfants sont beaucoup moins résilients au stress thermique que les adultes,* note la chercheuse canadienne Mariya Bezgrebelna, coautrice d'un rapport consacré aux conséquences du réchauffement climatique sur le développement du cerveau des jeunes. *Les événements climatiques extrêmes, dont les pics de chaleur, interfèrent avec le développement prénatal des bébés, entraînant parfois des répercussions à vie. »* En cas de températures anormalement élevées, les fœtus peuvent ainsi présenter des anomalies du tube neural, occasionnant des malformations du système nerveux. L'exposition à la chaleur en début de grossesse est également associée à un risque accru de schizophrénie, d'anorexie et d'autres troubles neuropsychiatriques chez les enfants.

Si elle favorise l'apparition de pathologies neurologiques, la hausse des températures mondiales exacerbe aussi *« l'incidence, la prévalence et la gravité de nombreuses affections préexistantes du système nerveux»*, selon Sanjay Sisodiya. *«Les vagues de chaleur auront de graves conséquences pour les personnes déjà malades»*, affirme le professeur britannique, qui a analysé les effets délétères de la chaleur sur dix-neuf pathologies neurologiques, dont Alzheimer, la sclérose en plaques, la méningite, la dépression et la schizophrénie.

Chaque degré compte

D'autres neuroscientifiques craignent même que le cerveau atteigne *«un point de non-retour»*, alors que le GIEC prévoit un réchauffement de la Terre de 3,2 °C d'ici à la fin du siècle si nous maintenons nos politiques actuelles. *«Si nous continuons à être exposés durant de longues périodes à de multiples dangers, dont la chaleur, il arrivera un moment où il sera trop tard»*, alerte Burcin Ikiz, neuroscientifique spécialiste des maladies neurodégénératives.

En Angleterre, le risque d'hospitalisation pour démence augmente de 4,5 % chaque fois que le thermostat gagne un degré, au-delà de 17 °C, d'après une étude de 2022. Et à Madrid, les hospitalisations liées à la maladie d'Alzheimer ont crû de 23 % lorsque la température maximale quotidienne a dépassé les 35 °C, selon un rapport de 2017. Et c'est sans compter la multiplication des cas d'anxiété, de dépression et de suicide à chaque vague de chaleur (en période estivale, une hausse d'un degré accroît de 2,2 % le risque de mortalité liée à la santé mentale, conclut une étude menée en 2021). Un éventail de chiffres qui pointent tous vers la même conclusion : *«Même un écart d'un degré peut faire la différence»*, résume Burcin Ikiz.

Des variations climatiques mineures en apparence promettent donc avoir de sérieuses répercussions. Passé une certaine température, elles peuvent même modifier la constitution de notre cerveau et lui faire perdre ses défenses. *«Le cerveau est protégé par ce qu'on appelle la "barrière hémato-encéphalique", qui empêche des substances d'y entrer et de nuire à sa santé. Mais à partir de 38 °C environ, ce bouclier physiologique ne fonctionne plus aussi bien et laisse les infections pénétrer le cerveau plus facilement»*, détaille Sebastian Ocklenburg, professeur à l'école de médecine MSH de Hambourg, en Allemagne. *«À l'avenir, on verra apparaître des maladies neurologiques dans certaines parties du monde qui n'avaient jusqu'ici connu aucun cas»*, confirme Sanjay Sisodiya. À mesure que nos remparts neurologiques tombent, les vecteurs de maladies, comme les moustiques, migrent vers des latitudes plus tempérées, transportant avec eux des pathogènes dont certains provoquent des atteintes neurologiques chez leurs victimes humaines. C'est notamment le cas du virus du Nil occidental, qui a contaminé onze personnes en France entre janvier et août 2024.

«Apocalypse imminente»

Le bilan des victimes de la crise climatique pourrait donc s'alourdir bien au-delà des 250 000 décès annuels déjà estimés par l'OMS, qui n'inclut dans ses calculs que les morts liées à la dénutrition, au paludisme, à la diarrhée et au stress thermique. *«Nous faisons face à une sorte d'apocalypse imminente de la santé cérébrale,* alerte le journaliste Clayton Aldern, auteur de l'essai *The Weight of Nature* (Pengouin Random House, 2024), sous-titré "Comment le changement climatique modifie notre esprit, notre cerveau et notre corps". *Nous ignorons toujours quels seront les effets synergiques de la chaleur, des vecteurs de maladies, de la pollution et des autres contaminants environnementaux dans le futur. Mais nous savons que, couplés, ces facteurs seront encore plus dangereux.* »

Nos capacités cognitives seront, elles aussi, affectées à des niveaux inédits, altérant notre mémoire et notre aptitude à communiquer et à résoudre des problèmes. *« Des chercheurs chinois, par exemple, ont remarqué que les étudiants qui passaient des tests de mathématiques dans un environnement à plus de 32 °C semblaient avoir perdu l'équivalent d'un quart d'année d'éducation,* relate Clayton Aldern. *En d'autres termes, la chaleur limite notre faculté à exercer notre intelligence.* »

Des cerveaux plus petits

Comment éviter ce délabrement du cerveau ? Certains penchent pour l'adaptation génétique, comme Jeff Stibel. *« En étudiant le cerveau de 298 spécimens d'*Homo *au cours des cinquante mille dernières années, nous avons constaté que la taille du cerveau humain a baissé d'un peu plus de 10,7 % durant la période de réchauffement de l'Holocène »*, nous indique le neuroscientifique, également entrepreneur dans la tech. Ce rétrécissement constitue, selon lui, une réponse adaptative à la hausse de la température, permettant au corps de mieux dissiper la chaleur. *« Alors que la Terre poursuit son réchauffement à grande vitesse, il paraît logique que nos cerveaux continuent de rétrécir à l'avenir »*, avance Jeff Stibel. Une conclusion à mettre en perspective, l'Holocène étant, au-delà du réchauffement climatique, caractérisé par l'émergence de systèmes sociaux et l'invention de l'agriculture, qui peuvent aussi expliquer cette diminution.

Contestée, l'hypothèse de Jeff Stibel n'offre par ailleurs aucune échappatoire aux générations à venir. Et pour cause : l'adaptation génétique est un processus particulièrement long. *« La crise climatique que nous traversons est beaucoup trop rapide pour que nous ayons le temps de nous adapter sur le plan physiologique,* juge Sebastian Ocklenburg. *Il faudrait attendre des dizaines, voire des centaines de milliers d'années pour qu'apparaissent par exemple des glandes sudoripares supplémentaires ou pour que la peau s'épaississe autour du cerveau.* »

Ne reste alors que l'adaptation comportementale. À l'échelle individuelle, cela revient à entraîner son cerveau comme n'importe quel autre muscle (en faisant notamment du sport et des exercices de mémorisation), à s'hydrater et à s'ombrager autant que possible en période de fortes chaleurs. À l'échelle collective, il s'agit notamment de repenser les villes, dans lesquelles persistent encore aujourd'hui de grandes inégalités thermiques. Durant l'été 2022, 59 % des Français ont déclaré avoir souffert de la canicule dans leur logement, selon la Fondation Abbé Pierre, dont près de 20 % à cause d'une mauvaise isolation. *« Ceux qui survivront au réchauffement climatique ne seront pas nécessairement les plus adaptés, mais ceux qui ont le plus de ressources »*, conclut Mariya Bezgrebelna. •

Pollution
Plus et mieux étudiée que la chaleur, la pollution est responsable de changements structurels au sein du cerveau affectant notamment la barrière hémato-encéphalique qui le protège des infections.

En le pénétrant, les particules fines et ultrafines de pollution peuvent provoquer des troubles cérébraux et des lésions neurologiques. Une étude parue en 2019 dans la revue *PLOS Biology* estime d'ailleurs que de longues périodes d'accroissement de la pollution atmosphérique sont associées à une hausse de 17 % des cas de troubles bipolaires, de 6 % des diagnostics de dépression et de 20 % des diagnostics de troubles de la personnalité.

Catastrophes naturelles
Les enfants qui étaient encore dans le ventre de leur mère lors de l'ouragan Sandy en 2012 ont aujourd'hui un risque anormalement important de troubles psychiatriques, d'après les résultats d'une étude publiée en 2022 dans la revue *Development and Psychopathology*. Les filles qui ont été exposées à l'ouragan avant leur naissance ont 20 fois plus de chances de souffrir d'anxiété et 30 fois plus de chances de connaître des épisodes dépressifs dans leur vie comparé à celles qui ne l'ont pas été. Les garçons présentaient, quant à eux, des risques respectivement 60 et 20 fois plus élevés de TDAH et de troubles du comportement.

Vecteurs de maladie
Les maladies vectorielles et d'origine hydrique se répandent dans de nouvelles régions du globe à mesure que le climat se réchauffe, selon l'OMS. La France observe, par exemple, une recrudescence des cas de dengue (qui peut provoquer des affections neurologiques) alors que ses étés sont de plus en plus chauds et les moustiques tigres de plus en plus nombreux. Depuis le 1er janvier 2024, plus de 1679 cas de dengue ont été importés en métropole, contre 131 cas sur la même période en 2023.

13 %

Une étude réalisée par l'université Harvard en 2018 a démontré que les étudiants vivant dans des dortoirs non climatisés pendant une vague de chaleur voyaient leurs fonctions cognitives diminuer. Les chercheurs ont constatés une baisse de 4,1 % à 13,4 % de la vitesse de traitement de l'information, de l'attention et des capacités de mémorisation, comparé aux étudiants dormant dans des espaces climatisés.

6 %

Dans une étude parue dans la revue *Scientific Reports* en 2017, des chercheurs finlandais estiment qu'une hausse de 2 °C des températures moyennes augmenterait les taux de criminalité violente de plus de 3 % dans les zones non tropicales et non subtropicales. Un réchauffement de la planète de 4,4 °C d'ici 2100 – le pire scénario du GIEC – risquerait ainsi de conduire à un accroissement d'environ 6 % du taux de criminalité violente.

489 000

C'est le nombre de personnes qui décèdent chaque année des effets de la chaleur dans le monde, selon l'Organisation mondiale de la santé.
Un nombre en constante augmentation selon son dernier rapport datant de mai 2024. Les seniors comptent parmi les premières victimes. La mortalité liée à la chaleur chez les plus de 65 ans a augmenté d'environ 85 % entre 2000-2004 et 2017-2021.

L'avis de l'expert : Albert Moukheiber

« Va-t-on s'abêtir dans un monde à + 2 ou + 4 °C ? Je refuse de porter un jugement moral. En revanche, il n'y a qu'à s'observer un jour de canicule : nous sommes plus irritables, plus anxieux, plus déprimés et plus fatigués. Mais au-delà de la question des effets du dérèglement climatique sur nos cerveaux, j'aimerais faire un détour par ses causes. Je réfute totalement la petite musique qui monte assénant que nos cerveaux seraient anti-écolos, la faute supposée à notre striatum – qui nous inciterait à vouloir sans cesse plus et serait incapable de planifier à long terme – et à notre neuroplasticité réfractaire au changement (nos neurones préférant les chemins tout tracés). C'est absurde ! Bobos, écologistes, zadistes… beaucoup de gens se privent volontairement, et ils ne sont pas dépourvus de striatum. Voilà pourquoi il n'est pas bon de tout expliquer par nos seuls cerveaux. Quid de la responsabilité des affiches publicitaires qui nous abreuvent d'allers-retours à prix discount aux quatre coins du globe ou de nos normes sociales qui nous poussent à désirer le dernier iPhone et ses "animojis" inédits ? Avant de nous faire retirer le striatum, commençons par promouvoir le respect de la nature ou la frugalité plutôt que l'accumulation, la surconsommation et le voyage. D'autant que ces "idéaux" sont loin d'avoir toujours été là ou d'être partagés partout. On ne peut pas imputer l'inaction climatique à nos cerveaux supposément "réactionnaires". Ils ne sont ni écolos ni anti-écolos par nature, ils dépendent du contexte et de l'environnement dans lesquels ils évoluent. Ce qui pose à nouveau la question des solutions philosophiques, économiques, sociales et politiques à actionner. »

Quand la SF imagine le cerveau du futur

Télékinésie, télépathie, pré-cognition… Voici une sélection de cinq œuvres de science-fiction à (re)découvrir qui, chacune à leur manière, mettent en scène des héros au cerveau augmenté ou « différent ».

Texte
Éric Senabre

UNE LÉGENDE TENACE, dont l'origine pourrait remonter à une mauvaise interprétation des assertions du psychologue américain William James datant de la fin du XIXe siècle, voudrait que l'on n'exploite que 10 % de nos capacités cérébrales. Quiconque briserait ce plafond de verre se verrait doté de pouvoirs extraordinaires ou d'une intelligence qui confinerait au divin. Bien que la réalité soit moins enthousiasmante, ce neuromythe a fortement contribué à exciter l'imagination de générations d'auteurs avides de repousser les limites du cerveau, inspirés par l'avènement de la génétique et de l'informatique. Alors, le cerveau de demain appartiendra-t-il à un mutant ou à un cyborg ? La science-fiction n'a pas encore tranché.

The Hampdenshire Wonder (1911), J.D. Beresford

Les Plus qu'humains (1953), Theodore Sturgeon

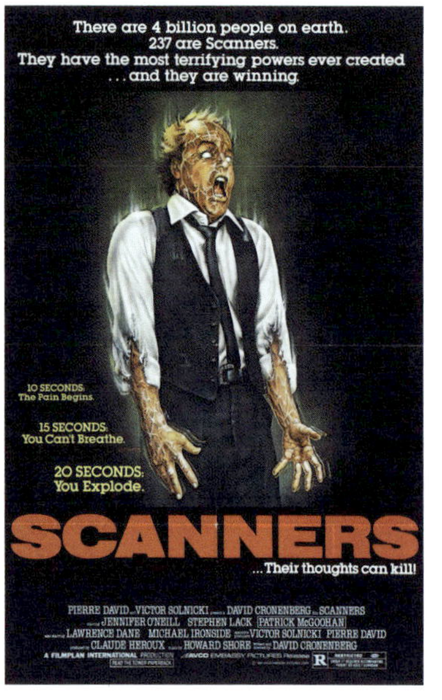

Scanners (1981), David Cronenberg

L'Échiquier du mal (1989), Dan Simmons

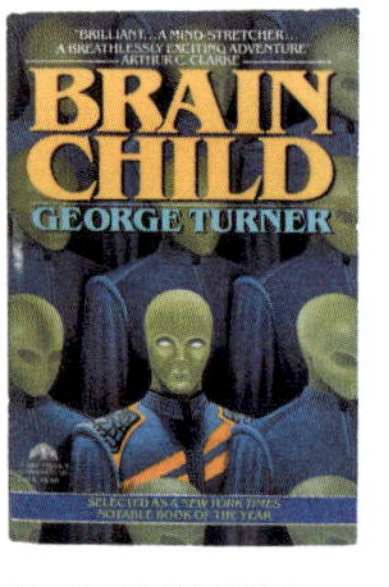

Brain Child (1991), George Turner

The Hampdenshire Wonder (1911), J.D. Beresford

The Hampdenshire Wonder, de l'écrivain britannique J.D. Beresford, n'est probablement pas le roman de proto-science-fiction le plus connu, mais il a anticipé certains archétypes du genre, à commencer par la figure de l'enfant prodige. On y suit l'évolution du jeune Victor Stott, fils hors norme d'un joueur de cricket. Embrassant des concepts métaphysiques et scientifiques qu'aucun être humain ne peut se représenter, l'enfant devient rapidement un paria condamné à rester en marge du monde. L'humanité est-elle prête pour des êtres comme Victor ? En 1911, la réponse était clairement « non ».

Les Plus qu'humains (1953), Theodore Sturgeon

Les années 1950 marquent le début du « psi-boom », qui fait des pouvoirs mentaux une thématique incontournable de la science-fiction. Si l'on compte à cette époque beaucoup de textes oubliables, quelques chefs-d'œuvre surnagent, comme *Les Plus qu'humains* de Theodore Sturgeon. Le roman, construit autour de trois récits, suit la trajectoire de Lone le télépathe, des jumeaux Bonnie et Beanie capables de se téléporter, de Janie la télékinésiste, et de Baby le… bébé à l'intelligence surnaturelle. Rejetés par la société, tous les cinq vont finir par se rencontrer pour former « Homo Gestalt », un être collectif appelé à succéder à *Homo sapiens*. Œuvre métaphysique et bouleversante, le roman de Sturgeon délaisse le spectaculaire pour s'intéresser aux retombées sociales d'une telle évolution. Incontournable.

Scanners (1981), David Cronenberg

En 1981, le Canadien David Cronenberg écrit et réalise *Scanners*, un long métrage aux allures de manifeste. Le film met en scène une génération d'individus dotés de pouvoirs psychiques, dont la mutation a été déclenchée *in utero* par un médicament expérimental destiné aux femmes enceintes. Si on lui doit une scène d'explosion de crâne saisissante, il montre aussi son protagoniste connecter son système nerveux à celui d'un ordinateur grâce au réseau téléphonique. Une vision qui inspire toujours une pelletée de penseurs transhumanistes *(voir p. 38)*. Chaînon manquant entre la littérature « psi » des années 1950 et le cyberpunk conceptualisé par William Gibson dans son *Neuromancien* en 1984, le film de Cronenberg explore la refonte du corps par la technologie. Mais une fois de plus, les « mutants » de *Scanners* sont des parias traqués et exploités. *No future* pour les télépathes ?

L'Échiquier du mal (1989), Dan Simmons

En 1989, le prolifique Dan Simmons publie *L'Échiquier du mal*. Oscillant entre le thriller, la science-fiction, l'espionnage et l'horreur, la saga met en scène une poignée d'êtres dotés du « Talent », un don psychique permettant de prendre le contrôle d'autres esprits. Au centre de l'intrigue : le colonel von Borchert, ancien SS et homme de Talent traqué pendant quarante ans par l'une de ses anciennes victimes. Véritable *page-turner*, le livre ne dépasse jamais vraiment le pur divertissement et échoue à proposer une réflexion sérieuse sur la place de tels individus dans la société. Dommage… Les livres auront au moins inspiré l'intrigue d'un opus des X-Men sur grand écran, *X-Men : Le commencement* (2011), dans lequel le jeune Magnéto part en guerre contre un ancien SS mutant…

Brain Child (1991), George Turner

Dans une Australie futuriste (on est en 2040) en proie aux dérèglements climatiques et à la surpopulation, *Brain Child* suit l'enquête du journaliste David Chance, obsédé par une expérience gouvernementale menée au début des années 2000. On y découvre que le programme – qui visait à créer des « bébés surhumains » – a engendré trois groupes d'enfants : un premier surdoué pour les sciences ; un autre qui excelle dans les arts ; et un troisième composé de véritables « posthumains » à l'intelligence terrifiante. Enfermés à l'écart du monde, ils finissent tous par se suicider – à l'exception de leur chef, l'énigmatique Conrad. Qu'est-il arrivé à ce dernier ? Et comment expliquer ce drame ? David remonte patiemment les pistes. Largement sous-estimé, ce roman à la frontière du thriller vaut pourtant qu'on s'y attarde. •

Quiz

Votre niveau de concentration était-il optimal durant la lecture de ce dossier ? Voici six questions pour le vérifier.

1. Le cerveau humain ne ressent pas…

A … la couleur

B … la douleur

C … la pesanteur

D … le motoculteur

2. Quel est le surnom de B.J. Fogg, le père de la captologie, cet art de piéger le cerveau ?

A The millionaire maker

B The mentalist

C Le neuromancien

D Krang

3. Quelle est la promesse du casque MW75 Neuro, né de la collaboration entre le fabricant Master & Dynamic et la plateforme Neurable ?

A Produire 75 mégawatts d'électricité par jour

B Réduire le bruit ambiant de 75 %

C Traduire les ondes cérébrales en données

D Être 50 % plus heureux à la fin de la journée

4. Quelle phrase a prononcée Kenneth Hayworth, chercheur à Harvard et fondateur de la Brain Preservation Foundation, durant l'interview qu'il a accordée à *Usbek & Rica* en 2013 ?

A *« Mon cerveau tiendra largement dans une clé USB. »*

B *« Rendez-vous dans cent ans et dans un nouveau corps ! »*

C *« J'adore la vie ! Dans vingt ou trente ans, il n'y en aura plus. »*

D *« Il faut accepter que nous soyons des machines. »*

5. Comment s'appelle la start-up suisse qui entend fabriquer une « machine pensante » à partir de neurones humains vivants ?

A FinalFantasy

B FinalCountdown

C FinalSpark

D FinalCut

6. Qu'est-ce que la proprioception ?

A La capacité à identifier l'emplacement de ses propres membres

B La capacité à détecter ses propres odeurs corporelles

C Un sens caché s'activant quand on possède un bien immobilier

D La réponse D

Réponses : 1. B (voir p. 24) / 2. A (voir p. 32) / 3. D (voir p. 36) / 4. D (voir p. 45) / 5. C (voir p. 47) / 6. A (voir p. 54)

Vivons-nous dans une société de plus en plus violente ?

Marc Crépon

prend des formes de plus en plus gratuites. Pour comprendre les mutations à l'œuvre, sans tomber dans l'affolement ni dans l'angélisme, nous avons organisé la rencontre entre Patrick Baudot, ancien chef d'état-major de la brigade criminelle, et le philosophe Marc Crépon.

Patrick Baudot

« On était faits pour se rencontrer ! » De part et d'autre de la table, le philosophe Marc Crépon et l'ancien chef d'état-major de la brigade criminelle Patrick Baudot se regardent avec curiosité. Ils ne sont pas tout à fait de la même génération (quoique), et sur le papier, leurs parcours ne se ressemblent pas. Pourtant, ils ont les mêmes livres de chevet et la même intimité avec la violence. L'un a voué sa vie à la combattre, l'autre à la comprendre. Ou vice-versa. En créant ce dialogue, nous voulions que la philosophie rencontre l'expertise du terrain pour nous éclairer sur la violence du monde. Un monde où les adolescents représentent désormais 21 % des mises en examen pour « association de malfaiteurs terroriste » en France. Un monde où à Southport, en Angleterre, on attaque des mosquées à coups de cocktails Molotov en réaction au meurtre de trois fillettes, parce que l'on aurait lu quelque part que l'assassin présumé serait musulman. Un monde où les tentatives d'homicide ont augmenté de 78 % entre 2016 et 2023 et où l'on meurt parfois pendant les fêtes de Bayonne parce que l'on a osé demander à trois types avinés de ne pas uriner sur sa porte.

Lorsqu'il a sonné à la nôtre, Patrick Baudot n'a pas pu s'en empêcher : *« Police ! »* Déformation professionnelle. Pourtant, professeur d'histoire dans le Calvados, rien ne le destinait à rejoindre le 36 quai des Orfèvres. Rien, à part peut-être la langue. L'enquête, en grec ancien, se dit *historiai*. Il n'était pas du sérail, mais il en avait l'envergure. Quand il entre dans la police en 1981, Mitterrand vient d'abolir la peine de mort. Un détail essentiel : il ne voulait pas faire un boulot qui tue. Pendant trente-quatre ans, il a noirci des centaines de Moleskine, passé des semaines en « planque » et surmonté plus d'autopsies qu'il n'aurait aimé en compter.

Marc Crépon, lui, a un parcours plus académique, encore que. Le directeur de recherche au CNRS est devenu philosophe du « nous », obsédé par toutes les formes d'appartenance, après deux années de service militaire passées en Moldavie à scruter les rouages d'un État totalitaire. L'URSS s'apprêtait à s'effondrer et le peuple moldave à se rebeller. Une expérience qui a invité la violence dans ses travaux. Car quand il y a un « nous », il y a toujours un « eux ». Et ce « eux » enfante la violence. Alors que l'on installe l'enregistreur, les deux hommes partagent déjà des anecdotes. On oublierait presque l'ampleur de la tâche qui nous attend : disséquer les mécanismes de la violence moderne.

Usbek & Rica :

On emploie le terme « violence » pour désigner à la fois l'injure, le viol et la tuerie de masse. Comment définir un phénomène qui englobe des agressions incomparables ?

Marc Crépon

La violence attaque les liens. Nos existences sont un tissu de relations avec des espaces, des objets, des êtres vivants ou artificiels. Pour être vivables, elles requièrent donc un minimum de confiance. Après les attaques terroristes du 13 novembre 2015, on avait peur de s'asseoir à une terrasse de café ou de prendre les transports en commun parce que la violence avait brisé cette confiance minimale. Comme elle le fait dans les quartiers gangrenés par le trafic de drogue où les mères ne laissent plus leurs enfants sortir faire les courses de peur qu'ils prennent une balle perdue.

Patrick Baudot

Selon moi, la première des violences, c'est de ne pas dire bonjour à son voisin. La violence naît de la peur de l'autre. Le barbare, dans la Grèce antique, c'est celui que l'on ne connaît pas. Mon métier m'a appris à accepter l'autre et à en faire un égal. Dans mes enquêtes, je passais d'un triple meurtre dans le milieu chinois à un homicide dans celui des marchands d'art ou à un règlement de compte dans le grand banditisme. Or, dans nos civilisations, la vie humaine est un bien sacré, il n'y a pas plus transgressif que de l'éliminer. Donc, mon travail, en quelque sorte, a consisté à comprendre l'incompréhensible.

M.C.

C'est l'un des dénominateurs communs à toutes les formes de violence : la réification, la réduction de l'autre à une chose sur laquelle s'applique une force brute. Indépendamment de ce qu'il est, de sa complexité, on le réduit à l'image (abstraite et souvent caricaturale) que l'on s'en fait. C'est une mécanique particulièrement visible dans les discriminations, la xénophobie, l'antisémitisme ou l'homophobie.

U&R

Les modalités d'expression de la violence ont-elles évolué au cours des dernières décennies ?

P.B.

Quand je suis entré dans la police dans les années 1980, les grands braqueurs se reconvertissaient dans les machines à sous, le racket et les enlèvements. Mais au début des années 2000, l'ensemble du grand banditisme a constaté que le meilleur rapport bénéfice-risque de la voyoucratie, c'était le trafic de drogue. D'ailleurs, ceux qui baignent dedans ne se perçoivent pas comme des voyous à l'ancienne, mais comme des hommes d'affaires, avec des risques (ils se font buter dans un règlement de compte, c'est un accident du travail ; ils partent en prison, ils sont en congés maladie). Pour eux, le trafic de drogue, c'est la continuation du capitalisme par d'autres moyens.

Ce qui a aussi grandement changé dans la délinquance, c'est le mobile. Avant, vous étiez victime de violence pour ce que vous possédiez. En 1995, quand le père Struillou se fait assassiner dans sa sacristie de cinq balles de 9 mm, le mobile est crapuleux (on lui a volé le denier public et les objets du culte) ; en 2016, lorsque le père Amel meurt égorgé, il est tué pour ce qu'il est. Selon moi, le XXIe siècle a commencé le 7 janvier 2015 quand le modèle de civilisation français et la liberté d'expression ont été attaqués. Cette violence n'existait pas auparavant.

M.C.

L'une des choses qui m'inquiète également beaucoup, c'est la rapidité des passages à l'acte. J'y vois une conséquence du mode de communication moderne, avec le téléphone portable, les réseaux sociaux, l'économie du langage qui se réduit à quelques mots ou quelques likes. Il y a une déréalisation de la violence, une précipitation qui court-circuite tout ce qui pouvait mettre de la distance dans le conflit.

P.B.

Lorsque vous vous parlez, les choses s'apaisent. On passe souvent à l'acte parce que l'on ne sait pas exprimer son désaccord. Or, les enfants maîtrisent de moins en moins la langue, ce qui est pourtant la meilleure manière de lutter contre la violence.

M.C.

Cela pourrait même constituer un dernier critère pour la caractériser. Dans le fond, la violence suppose toujours la suspension, l'interruption, voire la destruction du langage. Il faudrait mettre en place une véritable éducation critique au refus de la violence, pour développer une culture de l'empathie et apprendre aux enfants, grâce à des jeux de rôle, par exemple, à se détester dans la posture de celui qui agresse et à comprendre ce que subit celui qui en est victime.

U&R

En Europe, selon le psychologue Steven Pinker, le taux d'homicide est passé de 100 par an pour 100 000 habitants au XIVe siècle à 1 pour 100 000 aujourd'hui. Contrairement à ce que l'on pourrait penser, nos sociétés seraient donc de moins en moins violentes ?

M.C.

Évidemment, comparées aux sociétés du Moyen Âge, de l'Ancien Régime ou du XIXe siècle. Mais si la violence se traduit par des faits très concrets, elle catalyse aussi beaucoup de fantasmes. Or, l'imaginaire de la violence a connu des mutations considérables ces dernières décennies, du fait notamment des réseaux sociaux et d'Internet. De nos jours, le moindre acte violent peut être instrumentalisé, grossi et transformé de mille et une façons. Si vous vous en tenez aux réseaux sociaux, vous avez l'impression que la violence des mineurs est en croissance exponentielle alors qu'en réalité elle diminue. Allumez les chaînes d'information en continu et vous entendrez certains hommes politiques expliquer que nos sociétés sont submergées par la violence.

P.B.

Le fait divers est devenu un outil politique. C'est une politisation insupportable et inadmissible. Mais globalement, je n'ai pas beaucoup de considération pour les politiciens, parce que quel que soit leur bord, ils ignorent le réel. Or, comme disait Charles Péguy : *« Il faut toujours dire ce que l'on voit ; surtout, il faut toujours, ce qui est plus difficile, voir ce que l'on voit. »* Pour parler concrètement de la violence, il faudrait pouvoir évoquer ceux qui la commettent, les violents. Or, en France, on a énormément de mal à le faire car il n'y a pas de statistiques – je ne parle pas de statistiques ethniques, mais par sexe, par tranche d'âge, par origine géographique (urbain, rural, périurbain), par pays, par niveau d'instruction. Comment voulez-vous résoudre un problème que vous ne connaissez pas ? Cette absence de statistiques nous empêche d'effectuer un travail de prévention.

U&R

Pourquoi avons-nous alors le sentiment de vivre dans un monde de plus en plus violent ?

M.C.

Notre sensibilité s'est profondément transformée, et certaines formes de violence nous sont devenues

« J'ai peur qu'un jour les gens prennent les armes pour faire ce que ne sait plus faire l'État. »

Patrick Baudot

« La violence suppose toujours la suspension, l'interruption, voire la destruction du langage. »

Marc Crépon

intolérables. Aujourd'hui, une femme qui entre dans un commissariat de police pour déposer une plainte pour violence conjugale ne sera pas accueillie de la même façon qu'elle l'était il y a vingt-cinq ans. On en prend particulièrement conscience dans la série *Sambre* (France 2, 2023). Comme l'affaire a duré trente ans, on voit la métamorphose du regard de la police et de la prise en considération par la justice des viols et des victimes au fil du temps. Cela étant, on n'est jamais à l'abri de régressions et d'une relégitimation de violences dont on se croyait libéré.

P.B.

Je suis convaincu que l'on va vivre dans des sociétés plus violentes. Parce que *« la violence du monde s'invite en France »*, pour reprendre l'expression de mon ami Édouard Glissant, penseur du Tout-monde et de la créolisation de la société. Il avait raison. La vie en commun est source de violences, et quand des cultures qui n'ont pas l'habitude de vivre ensemble cohabitent, ça crée des zones d'affrontement. D'où l'importance d'avoir des règles strictes, des lois qui protègent les brebis du loup. Parce que la bergerie libre, c'est bien pour le loup, moins pour les brebis !

M.C.

C'est amusant, c'est le sujet que je donne systématiquement à mes élèves : *« Entre le faible et le fort, c'est la liberté qui opprime et la loi qui affranchit. »* Face aux défis climatiques et migratoires qui nous attendent, nos sociétés vont être confrontées à des formes de violence inédites qui viendront du brassage de populations de plus en plus précarisées, mais aussi de la tentation qu'elles auront de transiger avec certains de leurs principes, avec les règles de droit sur lesquelles elles se sont fondées.

U&R

Vous évoquiez l'instrumentalisation des faits divers. Cette exploitation politique ne crée-t-elle pas un sentiment d'insécurité qui alimente également l'idée que l'on vivrait dans un monde de plus en plus violent ?

P.B.

Un sentiment d'insécurité ? Je vous invite à habiter dans certains quartiers pour voir si c'est juste un sentiment…

M.C.

Je serai le dernier à minimiser le sentiment d'insécurité vécu par une partie de la population ou quelques communautés ciblées. La croissance de l'antisémitisme en France, ce n'est pas une légende ; la stigmatisation de certaines populations, non plus ; tout comme la peur dans laquelle vivent des quartiers gangrenés par la drogue. Le spectre du terrorisme a fait de tout le monde, à tout moment, une cible. Cela étant dit, il est indispensable de ne pas réduire l'insécurité à la violence produite par la délinquance. En réalité, notre besoin de sécurité s'étend bien au-delà de ce que la criminalité est susceptible de fragiliser. La grande précarité, le chômage et l'inégalité d'accès aux soins sont aussi source d'insécurité, de même que le dérèglement climatique.

P.B.
J'ai découvert la violence lorsque je faisais mes études d'histoire, en travaillant sur une monographie de 1814 à 1914 de Bayeux, ma ville natale. J'avais recensé les dates de décès par catégorie socioprofessionnelle et par niveau d'instruction. Et je m'étais aperçu que l'espérance de vie des dentellières était de 27 ans, quand celle des propriétaires rentiers était de 48. Et ça, c'est une grande violence.

M.C.
Je suis tellement d'accord avec vous. Les relations humaines sont fondées sur la responsabilité du soin, de l'attention et du secours qu'appelle la vulnérabilité humaine. Et face à cette responsabilité, la première chose à reconnaître, c'est que nous sommes très inégalement exposés à la mortalité, selon les hasards de la naissance. Donc, il est essentiel de prendre en compte une histoire, une géographie et une sociologie des vulnérabilités.

U&R
Quel avenir dessinent ces sources d'insécurité croissante ?

P.B.
Dans une cité à Bastia, il y a deux ans, des camions de pompiers ont été caillassés. Le lendemain, les Corses, sans prévenir la gendarmerie, sont allés voir les responsables et leur ont dit : *« La prochaine fois, on viendra avec les fusils. »* J'ai peur qu'un jour les gens prennent les armes pour faire ce que ne sait plus faire l'État. Qui a mis fin aux émeutes récentes ? La police ? La justice ? Ce sont les grands frères qui ont sifflé la fin de la récréation parce qu'ils ne pouvaient plus faire de business avec tous les flics dans la rue. Comme dans *M le maudit (1931, ndlr)* de Fritz Lang, où c'est la pègre qui retrouve le tueur d'enfants. Les voyous détestent le désordre social, ils ont besoin d'une cité organisée pour faire tourner leurs affaires.

M.C.
Cette confiance dont on parlait tout à l'heure, elle doit aussi exister envers les institutions, envers l'efficacité de

la police et de la justice. Car quand les individus se font justice eux-mêmes, c'est la vraie faillite de la société. Mais ça suppose une police et une justice strictement respectueuses des règles de droit. Il n'y a rien de plus terrible qu'une police qui se fait elle-même l'instrument de la justice. Parce qu'à ce moment-là, elle devient...

P.B.

... fasciste...

M.C.

... elle sort de l'État de droit. Je peux me représenter que sous pression et dans des conditions d'exercice difficiles, il puisse se produire ce que l'on appelle des « bavures policières », mais chacune est d'une gravité extrême parce qu'elle fragilise cette confiance.

U&R

Certaines formes de violence sont-elles légitimes ?

M.C.

Il y a une phrase très célèbre de Max Weber qui dit que l'État se définit par sa prétention à détenir le monopole de la violence légitime. Ce monopole, assuré par les forces de l'ordre, constitue l'un des garants de nos démocraties, pourvu que cette violence reste dans le cadre du droit. C'est pour ça qu'il est indispensable de réfléchir à la légitimité des techniques d'intervention et d'interpellation, à l'usage et à la nature des armes...

P.B.

Il y a la violence légitime et la légitime violence, notamment pour autrui. La violence de l'État est légitime, oui, à condition qu'elle soit extrêmement bien encadrée et surveillée. Et à titre individuel, il y a une violence qui devient légitime lorsque l'on fait l'objet d'une agression. On a le droit (si ce n'est le devoir) de se défendre ou de défendre celui qui se fait agresser (tant que la réponse est proportionnée).

M.C.

J'ai toujours beaucoup de difficultés avec cette notion de légitime défense parce qu'il n'y a aucune violence qui ne puisse pas s'en revendiquer. Je pars du principe qu'il faut s'astreindre à un refus inconditionnel de la violence. Mais le tragique de la condition humaine, c'est que ce refus inconditionnel vous condamne parfois à la violence. Parce que ne rien faire et ne rien dire, c'est aussi consentir. Ce qui nous impose quelquefois des transactions impossibles que j'appelle le « consentement meurtrier ».

P.B.
Je m'adresse au philosophe : mais est-ce qu'il existe une bonne violence ?

M.C.
Aucune « bonne » violence ne peut être assurée de ne pas devenir mauvaise. Transgresser ce refus inconditionnel, c'est ouvrir la boîte de Pandore. Parce que l'on sait quand commence la violence, mais jamais quand elle s'arrête ni comment l'arrêter. Lorsqu'on l'utilise comme un moyen pour parvenir à une fin, le moyen finit toujours par prendre le pas sur la fin. C'est pour ça que nous n'avons pas d'autre solution que d'adopter ce refus inconditionnel.

U&R
Vous avez l'un et l'autre consacré des années de votre vie à comprendre la violence. En sort-on indemne ?

P.B.
Ça m'a rendu un peu méfiant. Disons que quand j'ai quelqu'un en face de moi, je me demande chaque fois : *« De quoi il est capable, celui-là ? »* Mon travail, pendant trente-quatre ans, a consisté à résoudre des énigmes. J'ai parfois vu des violences terribles, mais c'est un peu comme le médecin légiste, au bout d'un moment, elles deviennent plus abstraites et on se concentre sur le puzzle à reconstituer. Quand j'étais officier de police judiciaire procédurier, je devais assister aux autopsies pour les valider. Je me souviens d'une affaire d'incendie criminel dans lequel cinq enfants de 10 mois à 2 ans avaient trouvé la mort, avec leur baby-sitter. Quand la directrice de l'institut médico-légal a ouvert leur estomac, elle m'a dit : *« Vous voyez, on retrouve la même bouillie dans celui des enfants et de la baby-sitter parce que* "une cuillère pour toi, une cuillère pour moi". » À cette époque, c'est ce que je faisais tous les soirs avec ma fille. En sortant, j'ai bu un triple whisky. Les enquêtes qui me hantent toujours sont celles que je n'ai pas résolues.

M.C.
J'étudie la violence, mais je n'en ai pas été le témoin comme vous. Est-ce qu'au fil de ces quarante années, votre regard s'est modifié sur l'humanité ? Je suis un grand consommateur de films et de romans policiers, et on a forcément en tête ce portrait du flic désespéré par la condition humaine…

P.B.
Je suis très ami avec Olivier Marchal *(réalisateur des films* 36 quai des Orfèvres *et* Les Lyonnais, *ndlr)*, et on se

dispute souvent. Je lui dis : *« Olivier, un flic, ce n'est pas nécessairement quelqu'un de désespéré ou qui vend de la came. »* Alors, au début du repas, il râle : *« Ouais, mais tu comprends, la police… »* Et puis à la fin, il me dit : *« Tu as raison, je fais du marketing. »*

M.C.
Le philosophe a une perception de l'Histoire et de la condition humaine bien plus tragique que celle du policier. Même si je continue de penser qu'il faut procéder à de l'éducation et à de la prévention pour refuser de faire de la violence une fatalité.

U&R
Y a-t-il une part incompressible de violence, un espace d'expression minimal qu'il faudrait préserver pour permettre à une société libre d'exister ?

M.C.
Seuls les régimes totalitaires affirment qu'ils ont créé une société qui a su éliminer la criminalité. Il y a toujours une véritable supercherie intellectuelle à vouloir lutter contre la violence, sans chercher en même temps à réduire les inégalités, qui sont l'une de ses causes principales. •

***Sept Leçons sur la violence*, Marc Crépon (Odile Jacob, 2024)**
Pour parler de la violence, encore faut-il la définir. Trouver le plus petit dénominateur commun aux brutalités qui meurtrissent notre époque pour en disséquer toutes les formes, les effets et les racines. Un essai éclairant qui interroge les transactions quotidiennes que l'on s'autorise avec la violence.

***Alias Cristal 18*, Patrick Baudot (Robert Laffont, 2023)**
Dans ce livre aux accents de mémoires, l'ancien chef d'état-major de la brigade criminelle raconte ses trente-quatre années au 36 quai des Orfèvres. Une plongée palpitante dans les grandes affaires de notre temps, de l'enlèvement de la petite Mélodie Nakachian aux attentats d'Action directe en 1995 et à ceux du 7 janvier 2015.

Prophétie

D'ici 100 ans, chacun aura besoin de travailler 15 heures par semaine pour rester épanoui.

John Maynard Keynes

Texte
Mathilde Simon

Lettrage
Arthur Reinders Folmer

«[D'ici cent ans], *chacun aura besoin de travailler de temps en temps pour rester épanoui... Quinze heures par semaine devraient régler le problème.*» Selon l'économiste britannique John Maynard Keynes (1883-1946), travailler pour subsister devrait aujourd'hui être de l'histoire ancienne. En cause : l'essor des machines. Alors, pourquoi la technologie n'a-t-elle toujours pas supprimé le travail ?

Quarante-huit heures. C'est le temps moyen que passait un Britannique à trimer chaque semaine en 1930, lorsque Keynes prophétisait la fin du travail. Un chiffre tombé seulement à trente-sept heures un siècle plus tard et qui ne diminue plus depuis les années 2000. La tendance serait même légèrement à la hausse : en France, une série de réformes encouragent les heures supplémentaires, et depuis juillet 2024, la Grèce permet à certains employés de travailler six jours sur sept.

Robotique, Internet, transports... Le déploiement technologique massif qui sous-tendait la prédiction de Keynes a cependant bien eu lieu. Et la productivité horaire a effectivement augmenté, de près de 900 % en France entre 1930 et 2020, selon l'Insee. Dans le même temps, le PIB a, lui, été multiplié par 8,3. Mais ces chiffres sont loin d'être proportionnels à la baisse des heures travaillées anticipée par l'économiste.

Difficile d'ailleurs de comprendre son optimisme sur le sujet, puisqu'à l'époque où il écrivait sa *Lettre à nos petits-enfants* (1930) dans laquelle il imaginait la fin du travail, l'Europe était frappée par la Grande Dépression, malgré l'automatisation galopante de l'industrie. Et si le rebond économique d'après-guerre a encouragé les travailleurs à porter des revendications collectives, elles se sont, une fois la cinquième semaine de congés payés obtenue, majoritairement concentrées sur les conditions de travail et les salaires, plutôt que sur le temps libre.

Valeur travail

Faut-il en conclure que l'humanité aime trop travailler pour jouir du fruit de ses machines ? C'est la thèse soutenue par certains critiques, parmi lesquels David Graeber, auteur de *Bullshit Jobs* (Les Liens qui libèrent, 2019) : Keynes n'avait pas anticipé que le capitalisme, avec sa culture de l'effort et du sacrifice, parviendrait à faire du travail une valeur fondamentale de l'ordre social. *«L'économie classique considère que celui qui ne contribue pas à la richesse de la nation est non seulement inutile, mais aussi parasite»*, abonde Yann Ferguson, docteur en sociologie à l'Inria et directeur scientifique de LaborIA, un laboratoire étudiant les effets de l'IA sur l'avenir du travail.

Plutôt que d'estimer que libérer du temps pourrait être profitable à la collectivité, les pays occidentaux encourageraient le modèle de la société de croissance, qui exige que la performance économique entraîne plus de consommation, et donc plus de production et de main-d'œuvre. Une représentation de la place du travail qui s'essouffle. Selon une récente étude de l'IFOP, 61 % des salariés français préfèrent gagner moins en échange de plus de temps libre. Ils étaient 38 % en 2008.

Les promesses de l'IA

Une évolution qui n'empêche pas les égéries de la Silicon Valley, à l'instar de Sam Altman, de promettre que l'IA abolira le besoin de trimer. En 2023, pourtant, Goldman Sachs calculait que deux tiers des emplois aux États-Unis étaient *«exposés à un certain degré d'automatisation par l'IA»*, précisant que cette dernière n'induit pas nécessairement le remplacement des salariés par les machines, mais une modification ou une suppression de certaines de leurs tâches. *«Pour l'instant, l'innovation a plutôt augmenté que réduit le nombre d'emplois créés»*, constate d'ailleurs Yann Ferguson.

Une tendance qui, à court terme, ne devrait pas bouleverser l'économie : la banque d'investissement américaine estimait les gains de productivité permis par l'IA à 1,5 % par an au cours des dix prochaines années. De quoi nous laisser un peu de temps pour trouver comment briser les fers de l'emploi... •

Faut-il abolir la prison ?

La question qui fâche

L’envie d’abolir la peine de prison est presque aussi vieille que la prison elle-même. Mais à quoi ressemblerait un monde sans barreaux ? Et si, contrairement aux a priori, il s’avérait plus sûr ? *Usbek & Rica* passe en revue les différentes options qui pourraient permettre d’en finir avec l’incarcération.

Texte
Millie Servant

Illustration
Tim Enthoven

« Dans vingt ans, il ne restera de la prison que le mot », écrivions-nous dans les pages d’*Usbek & Rica* en 2010. Une intuition certes audacieuse, mais confortée à l’époque par l’analyse de l’enseignante-chercheuse spécialiste du monde carcéral Gwenola Ricordeau. *« La fermeture des prisons est inéluctable* [...]. *Tôt ou tard, un consensus fera apparaître que ce châtiment ne correspond plus aux standards démocratiques »*, assurait-elle. Presque quinze ans plus tard, pourtant, les cellules sont plus nombreuses que jamais. À rebours de la prédiction de la chercheuse, le gouvernement d’Édouard Philippe a lancé en 2018 un grand « plan prison » prévoyant la création de 15 000 nouvelles places d’ici à 2027. Courant 2023, ce chiffre a été gonflé à 18 000. Et avec 78 509 personnes incarcérées début juillet 2024, la France a battu son propre record de population carcérale.

La prison en échec

Enfermer les coupables est une pratique aussi vieille que Socrate (plus encore même, puisque les Mésopotamiens s’y employaient déjà en – 1800 av. J.-C.). Mais jusqu’au XVIIIe siècle, la prison n’était qu’une peine provisoire, un espace où l’on faisait patienter le condamné en attente d’une amende honorable ou d’une condamnation au carcan, au pilori, à toute une série de châtiments corporels (parmi lesquels le fouet et la mutilation), voire à la peine capitale. C’est en 1791 que le Code pénal en fait la « peine de référence » et lui assigne sa triple mission : sanctionner la faute, protéger la société et favoriser l’amendement et la réinsertion des condamnés.

Fait surprenant, ce n'est que bien plus tard qu'apparaît le courant abolitionniste. Autour des années 1960-1970 (juste après la suppression de la peine de travaux forcés) émergent, des deux côtés de l'Atlantique, les premières critiques pour remettre en cause le concept de « crime » et les pratiques d'enfermement. *« Au moment même où la prison triomphait et s'imposait, on s'est aperçu qu'elle suscitait beaucoup plus de problèmes que de solutions »*, explique Tony Ferri, philosophe, criminologue et auteur de plusieurs ouvrages, dont *Abolir la prison. L'indispensable réforme pénale* (Libre & Solidaire, 2018). Et de lister : *« promiscuité délétère, mélangisme pénal, contagion criminelle des uns par les autres, surpopulation, désocialisation, accélération de la misère, manque d'hygiène et vétusté, récidivisme, désespérance… »* Une énumération toujours d'actualité puisque le taux d'occupation moyen des maisons d'arrêt (réservées aux prévenus en attente de jugement ou dont les peines sont inférieures ou égales à deux ans) dépasse les 150 % en France et franchit le seuil des 200 % dans dix-neuf prisons ou quartiers pénitentiaires du territoire.

« Au moment même où la prison triomphait et s'imposait, on s'est aperçu qu'elle suscitait beaucoup plus de problèmes que de solutions. »

Tony Ferri
Philosophe et criminologue

Option 1 : libérer

Un premier pas consisterait à amorcer une « décroissance carcérale » pour endiguer le phénomène de surpopulation. Il y a dix ans, la contrôleuse générale des lieux de privation de liberté proposait déjà la mise en place d'un numerus clausus. *« Il suffirait d'inscrire dans le droit qu'une prison ne peut pas héberger plus de personnes qu'elle ne dispose de places,* explique Sylvain Lhuissier, auteur de *Décarcérer. Cachez cette prison que je ne saurais voir* (Rue de l'Échiquier, 2020) et cofondateur de l'association Possible visant à transformer en profondeur le système carcéral. *Si une peine de prison est décidée par un magistrat mais que la prison est pleine, alors on prononce un aménagement de peine pour libérer une cellule. »*

La France a d'ores et déjà expérimenté ce type de décroissance. Localement : à la maison d'arrêt de Nîmes, une réduction carcérale est organisée avant chaque été pour éviter d'atteindre un taux de 200 % de remplissage sous 50 °C (une problématique qui promet de se généraliser avec le réchauffement climatique). Mais aussi à l'échelle du pays pendant l'épidémie de Covid-19 : poussé par le risque sanitaire et la dégradation des conditions de détention, le gouvernement avait à ce moment-là promulgué une ordonnance autorisant la libération de milliers de détenus en fin de peine. *« Pendant six mois, il y a eu beaucoup moins de surpopulation,* se rappelle Christophe Conway, président de l'Association des Anciens du Genepi, l'association emblématique rassemblant des étudiants intervenant bénévolement en prison, à laquelle il a adhéré pour la première fois dans les années 1970. *Même si la période était dure, on a pu observer trois choses : d'abord, tout le monde (prisonniers, surveillants) vivait et travaillait dans de meilleures conditions ; ensuite, il n'y a eu aucune hausse de la criminalité pendant cette phase ; enfin, l'opinion publique a tout à fait accepté cette décroissance carcérale. »*

Option 2 : limiter

Pour certains magistrats, la mise en place d'une telle mesure irait à l'encontre de l'indépendance de la justice et supposerait que le droit s'applique différemment selon le lieu où l'on se trouve – un argument balayé par la CNCDH qui rappelle qu'un tel dispositif agirait sur les sorties et non sur les entrées en prison. Pour ne pas avoir à libérer des détenus, certains proposent plutôt d'éviter de les enfermer en premier lieu. Car si la surpopulation carcérale se renforce, c'est principalement à cause de l'allongement de la durée des peines – qui a doublé en quarante ans – et de l'extension du filet pénal (on incarcère pour des faits qui ne conduisaient pas en prison par le passé). Mais là encore, des freins subsistent. *« Regardez les débats parlementaires,* enjoint Prune Missoffe, responsable analyses et plaidoyer de la section française de l'Observatoire international des prisons. *Dès qu'on parle de limiter le recours à la prison, on entend :* "Oh mon Dieu, on va libérer de dangereux criminels !" *C'est méconnaître la population qui est aujourd'hui enfermée. »*

La réalité des prisons françaises tranche en effet avec la représentation que l'on s'en fait. Selon les chiffres du ministère de la Justice, seuls 20 % des détenus condamnés purgeaient au 30 juin 2024 une peine pour des faits graves comme l'agression sexuelle, le viol ou l'homicide. *« Les prisons sont pleines de personnes punies pour des faits dont la gravité relève de la conduite en état d'ivresse, de l'infraction à la législation sur les stupéfiants, de la rébellion, de faits de vol et/ou de violences. Les détenus sont loin d'être tous des terroristes ou des tueurs en série »*, confirme Tony Ferri. *« On alimente ces fantasmes pour justifier l'immobilisme et les prises de position simplistes. C'est plus consensuel de dire qu'on va construire de nouvelles prisons que de réinventer le système pénal »*, abonde Christophe Conway.

Option 3 : réinsérer

Les idées ne manquent pourtant pas pour réussir là où la prison échoue. Certaines, comme le travail d'intérêt général (TIG), sont même déjà déployées sur le sol français. *« On répare davantage avec un TIG qu'enfermé*

« Au moment même où la prison triomphait et s'imposait, on s'est aperçu qu'elle suscitait beaucoup plus de problèmes que de solutions. »

Tony Ferri
Philosophe et criminologue

22 heures sur 24 dans une cellule », défend Sylvain Lhuissier, qui a participé à la création, au sein du ministère de la Justice, d'une Agence du travail d'intérêt général et de l'insertion professionnelle. « Insertion professionnelle », la formule prend tout son sens quand on sait que 60 à 70 % des infractions ont des motivations économiques. *« Ce sont des solutions qui évitent l'exclusion sociale et préviennent donc mieux la récidive »*, complète Prune Missoffe. Et bien que l'enjeu soit capital – 63 % des condamnés français retournent en prison dans les cinq ans qui suivent leur sortie –, l'argument ne suffit pas à convaincre les juges. Le nombre de peines de TIG a ainsi diminué de 34 % entre 2015 et 2022 et représente seulement 4 % des condamnations prononcées chaque année.

Dans la même veine, le droit français propose des peines de stage (sur des sujets comme la sensibilisation aux droits des femmes ou la sécurité routière) ou des séjours de rupture, destinés aux jeunes en grandes difficultés qui ont besoin de changer d'air. D'autres modes de réinsertion plus novateurs existent aussi, à l'image de l'initiative de l'ex-leader du mouvement indépendantiste basque Gabriel Mouesca, qui, après dix-sept années de détention, a créé une ferme de maraîchage pour accueillir en placement extérieur des femmes en fin de peine longue. Citons aussi les « prisons ouvertes » qui essaiment en Finlande, où un détenu sur trois y est gardé. Sur l'île de Suomenlinna, au sud de Helsinki, les condamnés évoluent librement parmi les touristes, un boîtier GPS à la cheville, et assurent la restauration des murailles de l'île. *« Ici, il n'y a pas de clé. La clé, c'est la confiance »*, indiquait la directrice de l'établissement à *Usbek & Rica*, à l'occasion d'un reportage en 2018. En contrepartie de cette liberté, les détenus pointent une fois par jour et doivent afficher un comportement exemplaire.

Option 4 : réparer

Mais c'est surtout un changement de paradigme qu'espèrent les abolitionnistes. *« On pourrait imaginer qu'il ne soit plus punitif et carcéral (justice rétributive), mais réparateur (justice restaurative). La dette du condamné serait ainsi plus envers la victime qu'envers l'État »*, propose Tony Ferri. Un procédé qui est expérimenté depuis près de cinquante ans dans le monde. Instaurée en 2014 par la loi Taubira et mise en œuvre depuis 2020, la justice restaurative a été placée sous les projecteurs par la nomination aux César du film *Je verrai toujours vos visages*. Le long-métrage, porté par Adèle Exarchopoulos, met en images cette mécanique d'échanges entre condamnés et victimes. *« Il n'y a que par le dialogue que la victime peut se sentir entendue,* soutient Sylvain Lhuissier. *Ce type de pratique régénère du lien, là où d'autres, comme la prison, le dégradent. »*

En France, en 2022, 173 mesures de justice restaurative ont été lancées en complément du processus judiciaire. Parmi elles, 165 étaient des médiations pour des délits graves ou des crimes, et la plupart ont été mises en place après la condamnation par la justice de l'accusé. Preuve que le procès pénal ne permet pas toujours aux victimes d'être entendues, de donner du sens à ce qui leur est arrivé, et aux condamnés de prendre en considération ceux qu'ils ont meurtris. Un point pourtant crucial : d'après une étude réalisée au milieu des années 2010 par la criminologue Heather Strang et ses collègues de l'université de Cambridge, les criminels ayant eu l'occasion de se confronter à leur victime avaient 45 % de chances en moins de récidiver.

Vivrons-nous un jour dans une France sans murs ? Chez nos voisins européens, en tout cas, les taux d'incarcération sont partout en baisse. *« Dans les dix prochaines années, on sera en mesure d'abolir la prison pour au moins 80 % des condamnés »*, tranche Sylvain Lhuissier. Rendez-vous donc dans quinze ans pour, qui sait, un article intitulé « Comment la France a aboli la prison ». ●

« Dans les dix prochaines années, on sera en mesure d'abolir la prison pour au moins 80 % des condamnés. »

Sylvain Lhuissier
Auteur de *Décarcérer* (Rue de l'Échiquier, 2020)

« Dans les dix prochaines années, on sera en mesure d'abolir la prison pour au moins 80 % des condamnés. »

Lhuissier
Décarcérer (Rue de l'Échiquier, 2020)

À la rencontre de

Mikhaïl Kokorich

L'homme qui murmurait à l'oreille des drones

Texte
Élisa Thévenet

Illustration
Taylor Callery

Physicien de génie, entrepreneur compulsif, Mikhaïl Kokorich soulève des haltères de 200 kilos, se passionne pour les oiseaux, les couchers de soleil et les coquelicots, lit Houellebecq et Saint-Exupéry, roule en Range Rover et travaille sur des moteurs à hydrogène sans émission de CO_2. Optimiste invétéré, brutalement pragmatique, l'ingénieur russe exilé entre la France et la Suisse rêve de faire voler des avions hypersoniques et fournit des drones à l'Ukraine. Le tout au nom de la liberté.

« LE VRAI N'EST PAS TOUJOURS VRAISEMBLABLE. » À mesure que Mikhaïl Kokorich déroule son histoire, cette pensée vous frappe. À chaque instant, son appétit du monde semble menacer de briser le carcan du réel. Certaines vies ont ce soupçon de tragique et de panache que l'on croit réservé aux romans. D'une petite ville de Sibérie à la baie de San Francisco, des bureaux du FBI aux eaux tranquilles du lac de Neufchâtel, la sienne raconte les mutations d'une époque. L'histoire d'une Russie qui fut libre, d'une Amérique en proie à ses démons et d'une Europe qui rechigne à préparer la guerre. À 48 ans, l'ingénieur, mi-physicien, mi-businessman – à la tête d'une start-up qui fabrique des drones et rêve de faire voler des avions-fusées –, arbore la sérénité des hommes qui n'ont pas peur de se réinventer. *« Il a eu l'infortune de naître dans un pays contrôlé par un gouvernement corrompu et dangereux. Il a été contraint de s'exiler et n'a eu de cesse de repartir à zéro »*, résume l'économiste Sergueï Gouriev, qui fut son enseignant. Après la Russie, les États-Unis et la Suisse, Mikhaïl Kokorich désire désormais s'installer en France, le pays du Concorde et des Lumières.

Cinq fois la vitesse du son

C'est donc dans ses bureaux parisiens tout en néons et meubles design, à quelques encablures de la gare Montparnasse, que l'entrepreneur nous donne rendez-vous. Créée en Suisse en 2021, sa société Destinus – qui a levé plus de 75 millions de dollars et compte 240 salariés – promet de révolutionner l'aérospatiale à coups d'avions et de drones hypersoniques. L'objectif : sillonner le globe sans émettre de CO_2 à Mach 5 (soit cinq fois la vitesse du son), grâce à l'hydrogène liquide. Si quelques prototypes sont en phase de test et un centre d'essais en construction à Payerne (petite ville helvète où siège l'entreprise), il faudra encore patienter *« quinze à vingt ans »* pour rejoindre New York en quatre-vingt-dix minutes. *« C'est le temps qu'il a fallu à Elon Musk pour envoyer des fusées dans l'espace »*, rappelle le physicien. La technologie pourrait être prête bien plus tôt, mais elle peine à trouver le soutien indispensable à son développement : *« Aux États-Unis, vous signez des contrats de plusieurs centaines de millions de dollars avec le département de la Défense avant même d'avoir fabriqué votre première machine. En France, nous discutons depuis un an et demi avec le ministère pour obtenir un financement inférieur au prix auquel nous commercialisons nos drones. »*

En attendant d'avoir le pouvoir de lobbying nécessaire pour faire advenir l'avion hypersonique, Destinus vend donc des drones et des turbines. *« Nous sommes dans un monde en guerre, et la défense, qu'on le veuille ou non, a toujours financé la recherche »*, plaide l'entrepreneur. Depuis 2022, la firme livre à l'armée ukrainienne des centaines de drones (destinés à la surveillance, à la cartographie, à l'interception et aux attaques au sol). Des appareils assemblés en Allemagne et en Espagne, sur deux de ses sites. L'Ukraine est en train d'inventer la guerre du futur, prévient Mikhaïl Kokorich, qui s'y rend plusieurs fois par an. *« Elle est aujourd'hui à l'avant-poste de la civilisation européenne. L'enjeu, c'est celui de la survie des idées nées pendant la Révolution française. C'est pour ça que je les soutiens »*, explique celui qui a renoncé à la citoyenneté russe après l'invasion de Kiev. À longueur de posts Instagram, il dénonce les exactions de la Russie, pleure ses compagnons de résistance disparus et rêve du jour où les Russes se libéreront de Vladimir Poutine. Une condamnation qui se traduit en actes : il siège aux côtés de Garry Kasparov, Mikhaïl Khodorkovski ou encore Anastasia Shevchenko au Comité de lutte russe contre la guerre (le Russian Anti-War Committee), fondé en 2022 par des opposants en exil.

« Il a eu l'infortune de naître dans un pays contrôlé par un gouvernement corrompu et dangereux. Il a été contraint de s'exiler et n'a eu de cesse de repartir à zéro. »

Sergueï Gouriev
Économiste

Un engagement qui lui a valu des menaces de mort en ligne. *« Il ne faut pas les prendre à la légère : le pouvoir russe a exécuté Navalny et vient de liquider un ancien pilote de l'armée russe, sur le sol espagnol »*, s'inquiète pour lui l'opposant biélorusse Vitali Shkliarov dans les colonnes de *Challenges*.

Rencontre avec le KGB

Mikhaïl Kokorich n'a jamais caché sa méfiance envers le pouvoir. En 1981, il est approché par le KGB. Il a 15 ans et le directeur des services secrets de Transbaïkalie (la région dont il dépend) lui propose une place dans une école ultra-sélective gérée par le Comité pour la sécurité de l'État, à Moscou. *« C'était un honneur. En rentrant à la maison, mon grand-père m'a dit :* "Micha, si tu choisis d'y aller, tu auras une vie très confortable, mais tu ne pourras plus jamais rien décider pour toi-même." » Alors, il a décliné. *« Grandir en Sibérie m'avait inoculé le vaccin de la liberté »*, sourit-il. Avec l'élection de Vladimir Poutine, sa méfiance s'est muée en détestation. *« En moins de dix ans, il a saccagé la Russie* (pour consolider son pouvoir, Vladimir Poutine a placé au sommet de l'État et des grandes entreprises ses *siloviki*, des hommes formés par le KGB, ndlr). *Sans lui, nous serions devenus l'une des économies les plus florissantes d'Europe. »*

En 2011, il finance un rassemblement contre la réélection de Vladimir Poutine après la parenthèse Dmitri Medvedev. Progressivement, les opposants au régime sont emprisonnés. Pour la première fois, il envisage de quitter le pays. Comme sa société Dauria Aerospace a une filiale aux États-Unis, Mikhaïl Kokorich ne réfléchit pas longtemps. Sa famille sous le bras, il débarque en 2012 à Stanford (San

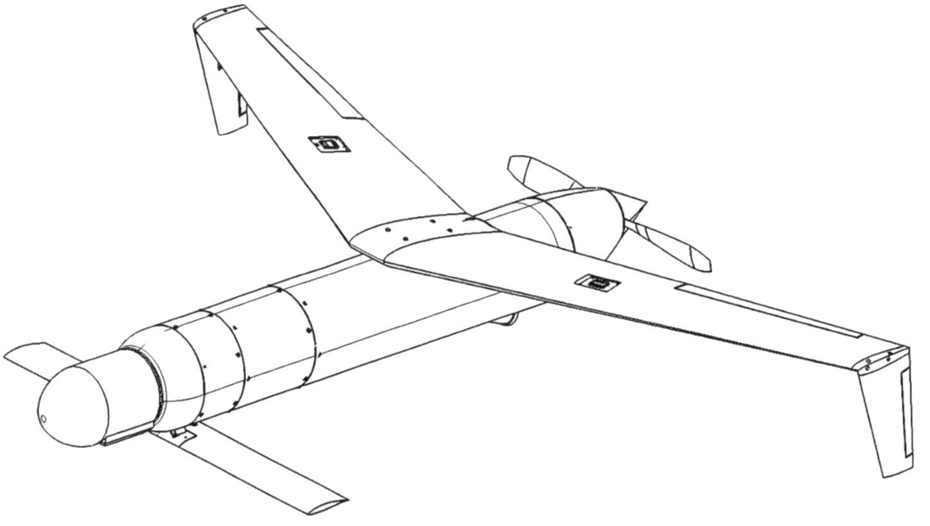

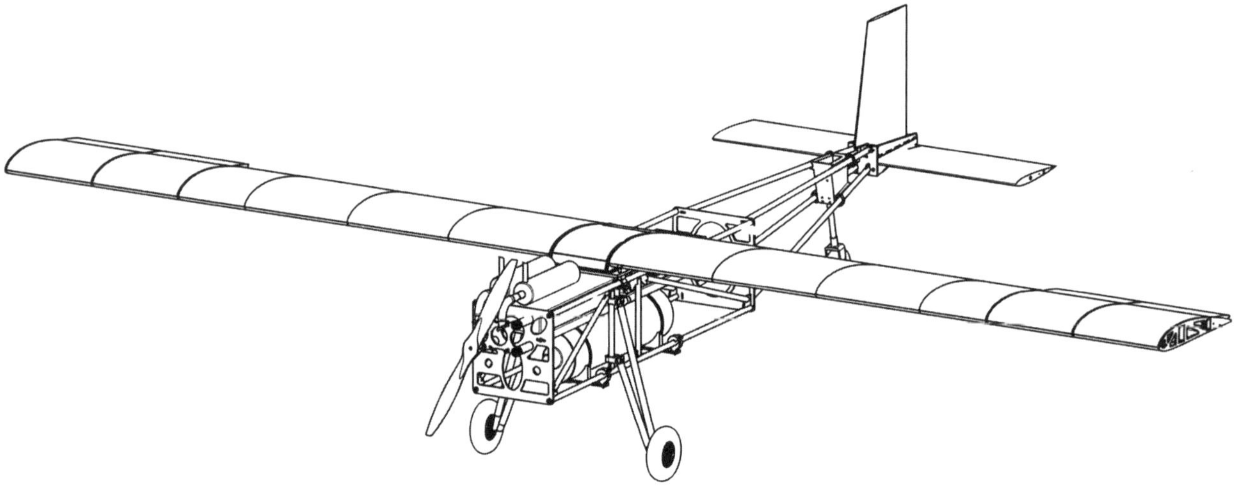

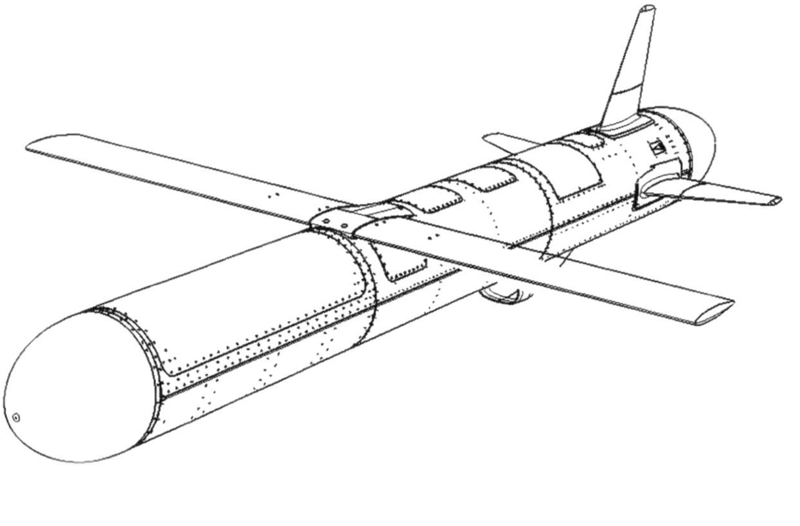

Les croquis techniques de **trois modèles de drones** dessinés par Destinus : le Lord, l'Hornet et le Ruta. Le premier est le drone le plus déployé par l'entreprise sur le front ukrainien.

Francisco) grâce à un visa Einstein, un coupe-file réservé aux esprits exceptionnels. Une décision qui ne passe pas à Moscou. Le directeur de l'Agence spatiale russe le traite de *« collaborateur nazi »* et ferme les bureaux moscovites de son entreprise. Qu'à cela ne tienne, le physicien reconstruira sa vie en Californie.

La tête dans les étoiles

Coup sur coup, il monte Astro Digital US et Momentus. La première comptera parmi ses clients le département américain de la Défense, et la seconde, incubée dans l'accélérateur de start-up Y Combinator (qui a notamment accompagné Airbnb), lèvera rapidement 100 millions de dollars. Soutenue par la NASA, l'entreprise propose de placer de petits satellites dans l'espace et travaille à la construction d'une navette spatiale fonctionnant à l'énergie solaire et à l'eau. Mais alors que les relations géopolitiques se dégradent entre Washington et Moscou et que le secteur de l'aérospatiale connaît un nouvel âge d'or, le physicien se sent surveillé par les autorités. Interrogé par le FBI, on l'accuse de constituer une menace pour la sécurité nationale des États-Unis. À l'instant où Momentus s'apprête à entrer en Bourse, les autorités de régulation haussent le ton. Elles exigent que Mikhaïl Kokorich se retire de la direction de l'entreprise et vende ses parts. Le feuilleton judiciaire dure plusieurs mois. Après onze ans à réinventer sa vie en Californie, l'ingénieur fait à nouveau ses valises. Sur les conseils de son ami Frank Salzgeber, ancien directeur de l'innovation à l'Agence spatiale européenne (ESA), et adoubé d'une lettre de recommandation de l'ESA, il s'installe en Suisse, prêt à tout recommencer. Dans l'écrin des rives du lac de Neufchâtel, il remet l'ouvrage sur le métier et crée Destinus. Cette fois, il compte dompter l'hydrogène et pulvériser le mur du son… cinq fois.

Quand le physicien parle du cosmos, le temps semble s'étirer. Il a grandi au rythme de la conquête spatiale. Il avait 1 an lorsque la première sonde Voyager est partie explorer le Système solaire. Bercé par les histoires de Lune et d'étoiles que lui racontait sa mère et poussé par une grand-mère professeure de physique, il caressait le rêve, adolescent, d'aller un jour sur Mars. À 16 ans, il l'a même confié à un journal local sibérien qui lui consacrait un portrait, alors qu'il venait de remporter les Olympiades de physique organisées par Moscou pour dénicher les futurs grands esprits de l'empire soviétique. *« En Russie, à l'époque, on ne faisait pas de commerce, donc tous les enfants qui voulaient réussir étudiaient la physique »*, explique celui qui s'enorgueillit toujours trente ans plus tard d'avoir gagné ce concours.

Après une enfance passée dans les plaines de Sibérie, élevé par ses grands-parents, dans une maison sans eau courante, à jouer les bergers pour gagner un peu d'argent et s'acheter une moto, Mikhaïl veut conquérir le monde. Il a lu presque tous les livres de la bibliothèque de la ville : les plus grands auteurs américains (Kerouac, London, Steinbeck), des traités de physique, des ouvrages sur les horreurs du goulag et quelques œuvres de science-fiction. Il a 9 ans quand Gorbatchev amorce la perestroïka en 1985, 14 quand l'empire soviétique s'effondre, et 24 quand Vladimir Poutine arrive au pouvoir en 2000. *« Ma génération est la seule à avoir grandi dans une Russie libre »*, calcule-t-il. Lorsqu'il entre à l'université, la Russie découvre le capitalisme. Dès lors, à 21 ans, il crée avec des copains Dauria, une entreprise qui propose des services de dynamitage et des réactifs chimiques. *« On était étudiants, on vivait dans des dortoirs, on cachait nos billets sous nos matelas, mais on gagnait tellement d'argent que ça débordait du sommier. Et on ne savait pas quoi en faire, il n'y avait pas de restaurant, alors on allait à la cafétéria de la fac. »*

Ce **prototype de drone hypersonique** propulsé à l'hydrogène liquide devrait atteindre Mach 5, soit cinq fois la vitesse du son. C'est plus de deux fois la vitesse maximale du Concorde, qui avait été évaluée à Mach 2, en subsonique.

« La seule chose capable de renverser le régime de Poutine, ce sont les physiciens. »

Mikhaïl Kokorich

Nous sommes à la fin des années 1990, et la Russie, débarrassée du joug du communisme, devient un *« Far West, une terre d'opportunités »*, se souvient Mikhaïl Kokorich, nostalgique. *« Imaginez tous ces hommes, toutes ces femmes, jeunes, pleins de vie, souvent brillants, parfois géniaux, qui pensaient être condamnés à une vie de grisaille et qui maintenant, à l'improviste, voyaient s'ouvrir devant eux les chemins du monde. Ils pouvaient devenir ce qu'ils voulaient, faire de l'argent, traverser la planète »*, résume Giuliano da Empoli dans *Le Mage du Kremlin* (Gallimard, 2022). On croirait le texte écrit pour notre ingénieur-businessman.

Après avoir fait fortune en vendant son entreprise d'explosifs, le jeune physicien lit les mémoires du fondateur de Walmart. *« Il n'y avait pas de centres commerciaux à l'époque en Russie. On achetait tout au marché »*, contextualise-t-il. Alors en refermant l'ouvrage, il décide de créer une chaîne de magasins de vente au détail. Au gré des fusions, elle deviendra la plus importante d'Europe de l'Est. Il y a quelque chose d'implacable dans la pensée de Mikhaïl Kokorich, une détermination quasi transcendantale. *« En Russie, nous étions éduqués pour faire de grandes choses »*, se justifie celui que la légende familiale dit descendant du chef mongol Gengis Khan. Il réfléchit : *« Quel est le sens de la vie ? »* On balbutie. *« Tout le monde est doué pour quelque chose, mais la plupart des gens ne le découvrent jamais et quand ils le font, ils cultivent rarement leur talent pour l'exploiter pleinement. »* Le sien, c'est la physique. Et il se sent la responsabilité d'en repousser les limites. *« La seule chose capable de renverser le régime de Poutine, ce sont les physiciens,* assène l'ingénieur. *Il faut que nous trouvions comment produire une fusion thermonucléaire propre. C'est notre seule solution. »*

Confidences

« Je rêvais de devenir champion d'haltérophilie »

Le livre que vous auriez aimé écrire ?

Vol de nuit d'Antoine de Saint-Exupéry. C'est une histoire à couper le souffle qui raconte l'aviation naissante et les risques que prenaient les pilotes au début du XXe siècle.

Le personnage de roman auquel vous vous identifiez le plus ?

Dick Forrest, le personnage de *La Petite Dame dans la grande maison* de Jack London. C'est un homme d'affaires prospère, traversé par des conflits internes, mais qui a transformé la Californie par son travail acharné.

Si vous étiez un corps céleste, lequel seriez-vous ?

Probablement un magnétar, une étoile dont le champ magnétique est si puissant qu'il déchire la matière et les atomes. Elle tourne à une vitesse vertigineuse et envoie des messages dans l'abîme de l'univers comme un phare.

Le son dont vous ne pourriez pas vous lasser ?

Ceux de la pluie et du tonnerre. L'eau et les éclairs qui, autrefois, ont donné la vie en créant les premières molécules protéiques. Dans ces sons réside toute l'essence de la Terre, minuscule grain de l'univers situé à une distance d'une étoile qui permet à l'eau d'exister sous forme liquide.

Le mot français que vous préférez ?

« Réseau » est selon moi l'un des mots les plus beaux et intéressants à cause de sa polysémie, de la multitude de ses significations en sciences, en sociologie… Il désigne les réseaux sociaux, les systèmes de connexion en ingénierie et les structures biologiques.

Le rêve que vous voudriez réaliser ?

Quand j'étais étudiant, je rêvais de remporter un prix Nobel, et en même temps, comme je faisais beaucoup de sport, je voulais devenir champion d'haltérophilie. Aujourd'hui, j'aimerais que la guerre en Ukraine se termine, que l'Ukraine triomphe, et que la Russie soit libérée du régime terroriste de Poutine et se tourne vers l'Europe occidentale.

Qu'aimeriez-vous laisser aux générations futures ?

Un monde meilleur. Faire en sorte que mes enfants et petits-enfants, en regardant en arrière, se souviennent de ce que j'ai accompli avec des mots bienveillants et qu'ils soient fiers d'évoquer mon nom. •

La face cachée de

George Langelaan Auteur Espion

Texte
Éric Senabre

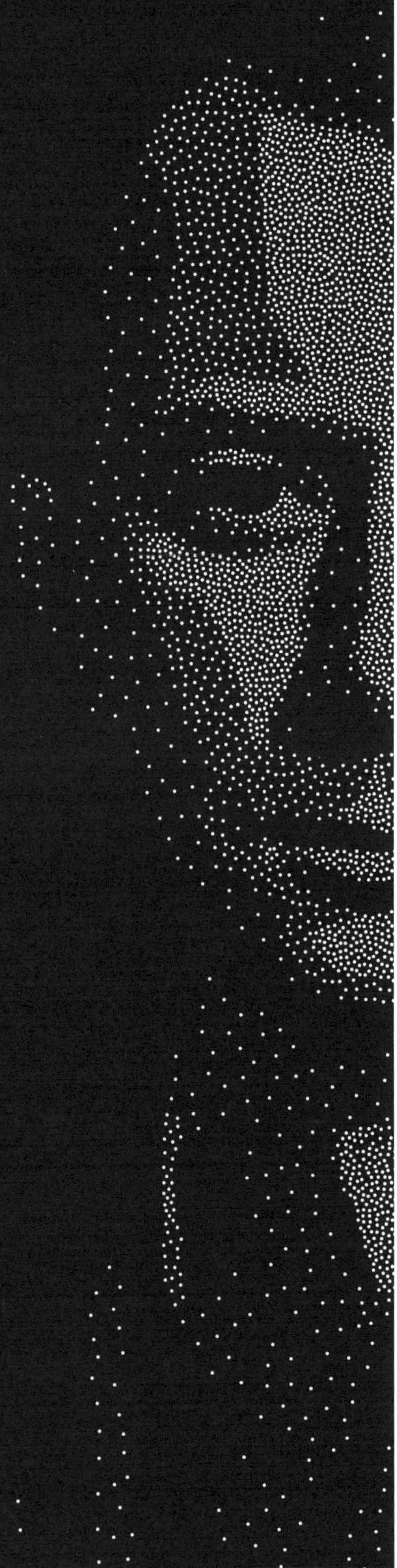

« J'ai mis mon talent dans mon œuvre et mon génie dans ma vie », disait Oscar Wilde. Un état d'esprit qui semble avoir guidé l'existence de George Langelaan. L'auteur de science-fiction, surtout connu pour sa nouvelle « La Mouche », a également travaillé pour les services secrets britanniques, menant durant la Seconde Guerre mondiale des missions dignes de James Bond.

George Langelaan n'est sans doute pas le plus célèbre des écrivains de science-fiction. Pourtant, les amateurs du genre ont forcément croisé son nom. Son recueil *Nouvelles de l'Anti-Monde*, dans sa vénérable édition Marabout, fait la joie des adeptes des vide-greniers et des bouquineries. Or, à l'intérieur figure la nouvelle qui, à elle seule, a fait passer son auteur franco-britannique à la postérité : « La Mouche ». Cette même « Mouche » adaptée dès les années 1950 dans une agréable série B avec Vincent Price (*La Mouche noire* en français), et dont David Cronenberg a tiré l'un de ses plus grands films en 1986. Une adaptation qui sera elle-même transformée en opéra par Howard Shore en 2008 et portée plus récemment encore (en 2020) sur les planches des Bouffes du Nord. Malgré d'énormes libertés selon les adaptations, l'architecture est restée la même : un scientifique découvre un moyen de téléporter la matière entre deux cabines, il teste son invention sur lui-même, mais une mouche s'invite dans l'habitacle, provoquant la fusion de l'homme et de l'insecte.

« La Mouche » n'est pas la seule des œuvres de Langelaan adaptées sur petit ou grand écran. « Les Robots pensants », récit d'un automate joueur d'échecs, est devenu un excellent téléfilm en 1976 ; « Le Miracle » a donné lieu à un épisode d'*Alfred Hitchcock présente*, pillé sans vergogne par Mocky pour son film *Le Miraculé* (1987) ; et « L'Autre Main » une aventure de *Night Gallery*, la série « sœur » de *La Quatrième Dimension*. Collaborateur de la mythique revue *Planète* (qui mélangeait SF et fatras ésotérique), Langelaan aurait pu rester un « bon petit auteur mineur » qu'on apprécie au détour d'une anthologie, si sa vie n'avait pas été aussi sidérante que ses récits.

Un espion très discret

Taper le nom de « George Langelaan » dans un moteur de recherche amène assez vite à une vieille archive de l'INA dans laquelle l'auteur, avec son physique de vieux pêcheur du dimanche, pédale sur une route de campagne en se livrant à quelques généralités sur la nature et les oiseaux. Casquette en tweed, bajoues et embonpoint assumé cadrent mal avec l'avertissement de la voix off : *« Attention : cet homme est dangereux ! »* Tellement dangereux, d'ailleurs, qu'on le présente comme un véritable James Bond. Et voilà le brave papy qui nous explique comment *« il a été obligé de tuer deux fois »*. Fichtre.

George Langelaan, bien que né à Paris en 1908, avait la double nationalité britannique par son père. Sa jeunesse se déroule entre la France et l'Angleterre. Dès le début de la Seconde Guerre mondiale, Langelaan est recruté par l'intelligence militaire d'outre-Manche, le fameux MI6. Dans son autobiographie (partielle, puisque parue dans sa première édition en 1950, vingt-deux ans avant sa mort) intitulée *Le Masque de l'agent secret. Un nommé Langdon*, l'écrivain relate dans un style très romanesque son entraînement de choc : *« Je savais me bagarrer aussi bien, sinon mieux, que dans les films de gangsters ou de cow-boys. Je savais faire sauter un pont, couler un navire de gros tonnage, saboter une locomotive avec une clé anglaise, faire dérailler un train avec un pardessus. J'avais appris à tuer un chien furieux avec mes mains nues. »*

En septembre 1941, le voilà parachuté à Tendu (commune de l'Indre) avec cinq camarades. Sa mission : établir le contact avec la Résistance et exfiltrer le malmené Édouard Herriot. Avant cela, Langelaan avait subi une intervention chirurgicale pour éviter d'être reconnu et pris le nom de Langdon. *« Tout le bas de mon visage était enveloppé d'un gros pansement* [...]. *Mes oreilles étaient également enfouies sous les bandes »*, décrit-il. Sur le terrain, le futur écrivain se débrouille plutôt bien, mais il est finalement arrêté en octobre 1941 faute d'avoir su faire fonctionner un émetteur radio. Qu'à cela ne tienne. Interné au camp de Mauzac, il s'échappe avec dix compagnons, le 15 juillet 1942, dans une évasion digne d'une superproduction et parvient à gagner l'Espagne... où il sera hélas repris. Accompagné de six survivants de l'opération, Langelaan participe en avril 1970 à un plateau télévisé qui prolonge la diffusion d'un téléfilm retraçant leur fuite. Une adaptation de plus, en somme.

SOS fantômes

Pour celui que l'on connaît surtout comme auteur de science-fiction et d'histoires à chute, ce passé mouvementé est déjà très surprenant. Il permet d'ailleurs de mieux comprendre sa légitimité à vulgariser l'espionnage dans la rubrique « Carnets secrets de l'agent P.P. 751 » (un matricule parfaitement fictif) du journal *Pilote*. Mais l'histoire ne s'arrête pas là ! Langelaan était aussi, à ses heures perdues... chasseur de fantômes. Dans un recueil intitulé *Treize Fantômes*, il relate ses souvenirs de *ghostbuster* – dans un style de romancier plutôt que d'investigateur rigoureux. Chacune des treize histoires débute par un récit à la première personne, où Langelaan raconte comment il s'est rendu sur les lieux d'une supposée hantise ; et revient sur les origines légendaires de celle-ci, recueillies auprès d'une personnalité locale. Y croyait-il ? Dans la préface, l'écrivain avoue qu'il n'a jamais *vu* de fantômes, mais qu'il en a *« entendu* [un], [...] *sans erreur d'interprétation possible »*. Avant, un peu plus loin, de citer un échange avec un juge réputé pour son *« honnêteté scrupuleuse »* : *« En toute honnêteté, je n'y crois pas, mais également en toute honnêteté, je suis obligé de reconnaître qu'ils existent. »* Au fond, n'est-ce pas aussi ce que l'on aurait envie de penser de la vie d'un énergumène comme George Langelaan ? •

Reportage

Sur les traces d'une nouvelle langue des signes

Texte
Jenna Le Bras
Correspondante pour France 24 en Turquie, après avoir passé près de dix ans en Égypte, elle a travaillé pour la revue *XXI*, *Libération*, Mediapart, RFI, *Télérama* ou encore *Usbek & Rica*.

Coulisses
« Tout a commencé par une balade nocturne sur une plage de la mer Rouge. Une *gallabeyah* envolée dans le sable, une baraque de fortune qui brille au loin. *« Toc, toc, toc ! C'est à vous ? — Oui, merci ! Entrez ! »* Un thé brûlant et une cigarette partagés autour d'un feu, un adolescent qui parle à toute vitesse sans émettre le moindre son et un père à ses côtés qui traduit les mouvements frénétiques de son garçon. On est en 2014 et c'est notre première rencontre, aussi fortuite que marquante. Je n'ai jamais revu ce père et son fils, mais depuis dix ans, je retourne régulièrement dans le Sinaï passer du temps avec les Bédouins, qui me racontent – en paroles et en gestes – leurs histoires. Ce récit est l'architecture d'un film documentaire en préparation pour lequel j'ai remporté la bourse Brouillon d'un rêve de la Société civile des auteurs multimédia. »

Illustration
Gaëlle Hersent

Dans le désert égyptien, les mariages inter-tribus ont engendré au fil des générations une explosion de cas de surdité. Pour assurer la survie du groupe et sa cohésion, les Bédouins ont créé leur propre langue des signes, devenue pour tous une seconde langue maternelle. Une opportunité extraordinairement rare pour la recherche d'étudier la naissance d'une langue.

CE MATIN-LÀ, le soleil dévorait la toiture en tôle de la petite maison faite de ciment et de sable granuleux. Husseina s'était levée aux aurores pour préparer le thé, faire sa toilette et passer une robe propre. Les premières heures de ce vendredi s'étaient écoulées normalement. Les chèvres paissaient à la recherche de vieux cartons à chiquer dehors ; les enfants jouaient aux billes dans la cour.

Entre les dunes rocailleuses du désert, on a entendu s'élever au loin la voix d'un muezzin qui grésillait dans un haut-parleur de mauvaise facture. Salah a couru dans les jupes de sa mère, ses grands yeux écarquillés, ses bras menus moulinant dans le vide, ses petites paumes cognant sur ses oreilles. *« Il entend ! Il entend l'appel à la prière ! C'est un miracle ! »* s'est exclamée la maman. Autour de l'enfant, les vieilles femmes du village, les cousines et les tantes se sont agglutinées. *« Il a dit que ça bourdonnait ! »* On a crié des mots, frappé dans ses mains, tapé sur des plats en métal avec des cuillères. Un fracas de tous les diables... Mais plus rien. Alors, on a rappelé les hommes du village partis prier, chargé le petit dans un pick-up et roulé à toute vitesse vers le cabinet d'un médecin à Dahab, la bourgade la plus proche.

Dans la petite officine de garde, un docteur, son assistante, les parents et quelques voisines curieuses se sont penchés sur le conduit auditif de l'enfant. *« Apportez-moi une pince et un plateau ! »* Le médecin a trifouillé dans la tête du gosse, qui geignait de trouille. Du bout de deux baguettes en métal, l'homme en blouse a extirpé un gros insecte enrobé de cérumen qu'il a déposé sur la table, les pattes recourbées sur l'abdomen et les antennes poisseuses – comme momifié. Pas de miracle aujourd'hui. *« Ça fera 200 guineh. »* Une tante a maugréé dans son niqab, la mère a poussé un soupir de déception, le père a lancé un geste sec de la main près de son oreille pour dire : *« C'est fini ! »* On a remis tout le monde dans l'Isuzu blanche et on est rentrés, la gueule un peu défaite, penauds mais pas abattus. Ce n'est pas tant l'idée que Salah recouvre l'ouïe qui les enchantait, plutôt celle que Dieu ait pensé à eux. *« C'est comme ça, c'est la volonté d'Allah »*, a glissé Husseina. Mohamed, le papa, a secoué ses épaules trapues mais n'a rien dit. Il est sourd, lui aussi.

Depuis lors, le divin n'a plus vraiment essayé de murmurer à l'oreille de personne. Pas chez les Abu Garab en tout cas. Dans ce foyer de huit têtes, le chef de famille et quatre des six enfants sont sourds : Mohamed le père, Faraj-Allah, Ahmed et Salah, trois des fils, et Aïcha, la benjamine. Husseina la mère, Khadidja l'aînée des filles et Youssef le dernier garçon, eux, entendent et s'expriment normalement. *« 'adi ! »* lance l'adolescente, amusée que cela puisse étonner. À Safah, petit village maussade planté dans le fond du désert, sur la cinquantaine d'âmes, environ un tiers des adultes sont sourds et plus de la moitié des enfants. Mais on ne cesse de répéter *« 'adi ! » : « C'est normal ! »*

À défaut d'être habituelle, cette concentration de cas de surdité trouve une explication parfaitement rationnelle. Car s'il n'y a pas de miracle possible, il n'y a pas non plus de malédiction. En cause, l'autozygotie – un terme complexe qui désigne les personnes dont les gènes n'ont pas été assez diversifiés au fil des générations, des individus apparentés, affectés par des maladies et des handicaps héréditaires. En Égypte, le taux de consanguinité est estimé à 31 % : un chiffre déjà élevé – l'un des plus importants au monde – qui explose quand on se dirige vers le Sinaï pour atteindre jusqu'à 100 % dans certains territoires. À Safah comme dans de nombreux villages bédouins de la péninsule, le gène de la surdité se transmet et se renforce depuis des décennies par endogamie, particulièrement chez les Muzeina, l'une des tribus les plus puissantes. Pour ainsi dire : on y naît sourd de père en fils.

Pur-sang

Mohamed est assis en tailleur et gratte avec son ongle les plis d'une couverture moelleuse à grosses fleurs. Il est pensif. De la poussière tourbillonne dans un rai de lumière qui pénètre le salon familial des Abu Garab : des murs nus coiffés d'une tôle et des tapis jetés à même les gravillons, disposés autour d'un bac de cendres vives où bout du thé. Depuis l'échappée belle de ce vendredi matin chez le médecin, quelques années ont passé.

Le chef de famille approche désormais de la quarantaine. C'est un homme imposant, avec des mains puissantes et le regard tendre. « *Je suis né et j'ai grandi ici. Je n'ai jamais été très loin. Quand j'ai eu 20 ans, j'ai choisi de me marier avec Husseina. C'est la fille de mon oncle,* raconte-t-il. *Je l'aimais bien...* » Un mariage facile. Arrangé, mais pas forcé. Comme c'est la tradition. Chez les Bédouins du Sinaï, les noces répondent à des coutumes strictes et ancestrales. Pour protéger le noyau tribal et conserver les biens ainsi que la pureté du sang, le jeune homme est généralement libre de désigner la future épouse qui lui plaît, mais à une condition : elle doit être issue non seulement de la tribu, mais également du clan – le même cercle familial que lui. Tout naturellement, les unions se font alors entre cousins et les gènes s'entremêlent : « *Le sang, chez les Bédouins, c'est le plus important, il ne doit pas se mélanger. Plus tu es proche de la femme que tu choisis, mieux c'est* », signe Mohamed. Dans sa famille, le silence était déjà répandu. Avant sa naissance et celle de son frère, son grand-père et son oncle étaient sourds. Il le savait et Husseina aussi : comme toutes les familles ici, ils auraient des enfants comme lui.

Il raconte son histoire à la seule force des mains : elles s'entrechoquent, tourbillonnent près de son visage, attrapent l'air, empoignent des morceaux de vêtements. Parfois, un claquement de langue aigu ou un grondement guttural puisé dans le fond de la poitrine viennent ponctuer son récit. À ses côtés, sa femme devient interprète. Cette scène n'a rien d'inhabituel. La surdité s'est tellement propagée dans la région que tout le monde maîtrise la langue des signes, et il est fréquent que les entendants s'improvisent traducteurs pour permettre aux sourds de la communauté de s'adresser à un médecin, un commerçant, un policier… et plus rarement, une journaliste. Une drôle de langue, aussi mystérieuse qu'intuitive, qui raconte un peuple historiquement isolé, débrouillard et empreint de solidarité.

Nouvelles langues

« *Lokha torsh* », fait claquer Husseina dans sa bouche, les yeux mi-plissés, avec un air satisfait : « *C'est ici qu'elle a été inventée,* dit-elle. *Comment je l'ai apprise ? Je ne sais pas, c'est comme si tu me demandais comment j'ai appris à parler ! C'est ma langue maternelle, comme le dialecte bédouin.* » Pendant longtemps, les anciens du village – on les appelle les « *goded* » – tenaient ce rôle de précepteurs de la *lokha torsh*, dans la pure tradition bédouine de la transmission orale. Ils réunissaient les enfants autour d'un feu ou les emmenaient avec le bétail en montagne pour leur conter des histoires et leur léguer les fondamentaux de leur héritage en signant. Quand les vieillards sont morts, l'apprentissage de la langue est devenu plus informel, pour s'instiller dans le quotidien, au sein des foyers.

D'où vient-elle ? Continue-t-elle d'évoluer ? Pourrait-elle prendre le pas sur la communication orale ? Personne ne le sait car aucun anthropologue ni linguiste ne s'est encore penché dessus. Les habitants du Sinaï racontent que l'on retrouverait sa mention la plus ancienne dans des carnets de voyage, vieux de près de trois cents ans ; mais personne n'a jamais eu ces récits entre les mains, pas même les moines du monastère de Sainte-Catherine, qui renferme l'une des collections les plus confidentielles de manuscrits, palimpsestes et grimoires du monde. En vérité, l'existence de cette langue était, semble-t-il même, méconnue de la communauté scientifique avant que je n'appelle Wendy Sandler, professeure émérite de linguistique et directrice du Laboratoire de recherche de langue des signes à l'université de Haïfa, en Israël. Cette spécialiste a consacré trente ans de sa vie à étudier la sémantique de la parole gestuelle. Phénomène très rare, elle a aussi observé l'émergence d'une autre langue des signes, non loin du Sinaï, dans le désert de Néguev, que ses collègues et elle ont baptisée l'« ABSL » : l'Al-Sayyid Bedouin Sign Language.

Dans le petit carré vidéo qui apparaît sur l'écran de mon ordinateur, l'image se gèle, mais on devine la chercheuse extatique : « *C'est for-mi-…dable une telle décou-… verte !* » La connexion se perd puis revient, meilleure : « *Il faut absolument lancer une recherche sur place, tenter de comprendre comment ce langage est né ! Mais ça va certainement impliquer des années d'études de terrain…* » L'universitaire est enthousiaste mais prudente. N'ayant pas travaillé sur le même territoire ni au sein de la même société, elle se refuse à analyser une langue dont elle ne sait rien. Elle rappelle qu'il est difficile de calquer un schéma linguistique sur un autre, même dans une géographie proche : « *Les langues, quelles qu'elles soient, sont un phénomène culturel, donc d'un groupe à l'autre, elles varient. Rien n'indique que l'ABSL pourrait ressembler à cette langue dont tu parles, et c'est d'ailleurs très peu probable dans la mesure où les deux communautés n'ont pas de contact étroit ni régulier entre elles.* »

Nous confrontons cette supposition à un test rudimentaire – rien de scientifique, juste par curiosité – en comparant plusieurs symboles simples employés dans le quotidien des deux tribus voisines. Certes, certains sont semblables puisqu'ils sont iconiques, mais ils connaissent des variations très importantes dans l'exécution.

D'autres n'ont rien à voir. *« Le cerveau humain est aussi bien programmé pour la langue parlée que pour la langue des signes,* indique Wendy Sandler, *mais il faut qu'il ait un système social lui permettant de développer cette compétence. Or, contrairement à ce qu'on pourrait croire, les Bédouins sont beaucoup moins isolés que d'autres populations car ils vivent en petits groupes : ça en fait un espace fantastique pour l'émergence de nouvelles langues. »*

Les loups dorés

Au fil de mes séjours au village, je perce petit à petit les secrets de leur silence. Des pulpes de doigts qui tournent et se pressent entre elles pour suggérer un citron, un geste vif des deux poignets vers l'avant pour évoquer le pain, dans un mouvement qui rappelle la façon dont on le jette dans le sable cendré pour le cuire, un plat de main qui vient barrer la joue pour désigner l'homme – a priori barbu –, un poing qui se ferme sur le front pour signifier la femme et le voile qui recouvre son visage… On se regarde en chiens de faïence avec une curiosité non dissimulée. *« Pourquoi ça t'intéresse comme ça ? »* La mère de famille me scrute, les yeux inquisiteurs. Son long hijab violet plaqué sur sa bouche ne laisse découvrir que deux billes noires et échapper un grand nez. Un petit portable sonne. La musique stridente ne perturbe pas son mari, près d'elle, qui s'affaire à gonfler des ballons de baudruche pour les enfants. De petites paluches exaltées agrippent le papa par le bras : *« Ton téléphone ! »* L'homme décroche et, sans même porter l'appareil à son oreille, le tend à sa femme. *« Ahhhhh, ahhhhh,* fait-elle en agitant les bras en direction de son époux. *Tamam !* (« C'est d'accord », ndlr) *À demain ! »* Elle raccroche. *« C'était Brahim, tu pars en randonnée avec des touristes américains. »* Mohamed la questionne en recourbant ses doigts puis en les étirant vers le soleil qui est en train de tomber en morceaux sur la vallée. *« Oui, vous allez au Canyon coloré »*, acquiesce Husseina en répliquant du poignet et d'un coup de menton. Sur les visages, un mélange d'excitation et de contrariété passe comme un nuage : le lendemain soir commencera la nuit du doute, celle qui précède l'entrée dans le mois du ramadan. Mohamed ne sera pas là, son épouse restera seule avec les petits. *« C'est bien,* dit-elle, *le travail, c'est toujours une bonne nouvelle, mais c'est vrai que ça va être un peu triste, mes deux grands garçons sont aussi partis. »*

Les choses se passent toujours comme ça : pour s'assurer que les patriarches sourds puissent subvenir aux besoins de leur famille, la communauté s'organise pour former des binômes de travail. Ainsi, entendants et malentendants font toujours équipe lorsqu'une opportunité se présente : pour servir de guides ou de porteurs lors des treks en montagne avec les vacanciers venus du Caire, de Tel-Aviv ou de Moscou, mais également pour les sorties de pêche en mer, les travaux d'agriculture et les commerces divers.

Au petit matin, on rassemble les affaires : une paire de sandales à bonne semelle, des couvertures polaires, un tapis tressé, un bonnet en laine, un bidon d'eau… Et voilà déjà le pick-up qui arrive en trombe devant la maison familiale. Mohamed lève une main en l'air pour saluer le groupe d'étrangers. *« Hiiiiii ! »* Il acquiesce d'un sourire, charge ses affaires sur le toit et grimpe à l'avant du véhicule à côté de son coéquipier. La cohésion sociale est un aspect très important de la vie des tribus bédouines. Ce sentiment d'appartenance à un groupe – *'aṣabiyyah* en arabe – a été longuement étudié par l'un des précurseurs de la sociologie moderne au XIVe siècle, le philosophe Ibn Khaldoun. Dans l'usage courant, le mot englobe la solidarité, la survie de la famille et le tribalisme.

« On s'élève ensemble, on tombe ensemble », résumait l'écrivain dans *Le Livre des exemples*. Face à l'adversité du désert, seuls les groupes unis peuvent s'en sortir. *« Toute la culture bédouine est basée sur la résilience et l'adaptabilité aux contraintes extérieures »*, rappelle l'anthropologue Matthew Sparks, qui travaille sur les échanges entre tribus dans la péninsule arabique. Les Bédouins du Sinaï sont d'ailleurs surnommés « les loups dorés » (*salawa*) : des animaux sauvages qui élèvent leur portée en meute, mi-chiens, mi-chacals, mangeurs de petits fruits et de gibier opportun, capables de survivre aux grandes sécheresses des plaines et à la fureur pluvieuse des hauts sommets. Les Bédouins sont très fiers de cette appellation. *« On est comme ça »*, approuve Husseina, *« on partage le sang, on partage tout. »* Dans la petite cour en gravier, elle berce, lasse, un gros bidon de lait pour en faire du fromage.

La nuit du doute

À plusieurs heures de marche du village, dans un petit jardin fruitier, son mari dépose quelques sacs de couchage, un gros bidon d'eau minérale, quelques tomates et une théière en métal. Le groupe s'arrêtera là ce soir. À l'abri du vent, sur un sol terreux et un peu frais, mais plat pour les campeurs. Depuis ce matin, ils caquettent et forment autour de Mohamed une horde bruyante qu'il n'entend pas. Brahim, son binôme, leur raconte comment se repérer en suivant les étoiles qui commencent à piquer le noir de la nuit. En anglais, mais cela aurait tout aussi bien pu être en hébreu ou en russe : *« Nous parlons tous plusieurs langues couramment, trois, quatre, cinq, ça dépend !* sourit le guide. *La* lokha torsh, *c'est en plus, je ne la compte même pas ! »* La tribu des Muzeina, réputée pour être la plus ouverte sur le monde, s'est fait une place dans le paysage touristique grâce à ses talents de polyglottes. Un peu en contrebas, Mohamed s'affaire à ramasser des brindilles sèches pour le feu. *« Comment on dit merci ? »* demandé-je. Il fait un signe de visière sur le côté du front et balance sa main vers l'avant. *« Je suis plus limité qu'un Bédouin normal,* reconnaît-il, *je ne peux pas être guide. Je travaille soit comme chauffeur, soit comme cuisinier. Et je suis toujours accompagné puisque je ne peux pas parler. »*

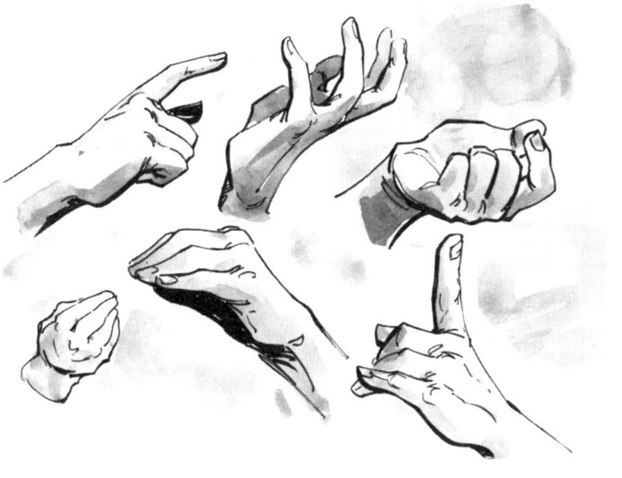

À 100 kilomètres de son campement de fortune, aux portes du village, son fils aîné s'apprête à surprendre sa mère. Faraj-Allah a 21 ans. Il rêve de liberté, de baisers volés et de courses de chameaux. Mais ce soir, il est venu passer la nuit du doute avec elle pour qu'elle ne reste pas seule. Il est apparu à l'heure bleue, accompagné de son frère et de trois copains. Il y a quelques mois, c'était un adolescent à peine pubère ; aujourd'hui, ses biceps se dessinent sous sa *gallabeyah* couleur sable. Derrière ses longs cils, une indicible lueur d'enfance et d'immortalité. Il revient des champs de fleurs. Celles que l'on récolte, vend et becte pour aller mieux. Celles qui rapportent des sous sales et des soucis.

« Il aurait fallu rester à leurs côtés, leur apprendre à s'approprier ces sensations nouvelles, leur proposer des thérapies de l'écoute et de la parole. Ça n'a pas été fait. »

Emira
Travailleuse sociale au Caire

Dans le ciel, un croissant blanc vient de se décrocher. *« Ramadan Kareem ! »* crient quelques enfants surexcités pour annoncer l'entrée dans le mois sain. Husseina rassemble de petits godets transparents et des biscuits. Dans la pénombre, elle regarde les jeunes discuter. Tels des ombres chinoises, ils sont engagés dans une conversation passionnée : sur les filles, sur la récolte en cours, sur une patrouille de police repérée plus tôt dans la journée. Pourtant, le silence est presque total. Quelques rires étouffés, des syllabes soufflées, et le reste de l'histoire se découpe en séquences animées sur les murs de la pièce à peine éclairée.

À l'école du smartphone

À mesure que la soirée s'étire, les visages sont absorbés par les écrans des téléphones. Comme partout ailleurs, les jeunes ont des smartphones, pas dernier cri mais suffisamment bons pour se connecter à Internet avec de petites recharges individuelles 4G. Ils ont des comptes Instagram et TikTok, passent leurs appels en FaceTime, postent des vidéos de leurs échappées à moto, des pluies diluviennes qui inondent les cultures, de leurs soirées près du feu… Sauf qu'ils n'interagissent avec aucun contenu sonore et que la plupart d'entre eux navigue sur ces plateformes sans savoir lire ou écrire. Ils échangent surtout avec leur famille et leurs amis à coup de *stories* et d'émojis. Les nouvelles technologies, perçues comme un danger pour le développement linguistique des futures générations partout dans le monde, ont un statut différent ici. S'il est impossible de prédire quel effet elles auront sur la langue des signes des Bédouins, elles leur permettent notamment d'échanger par caméra interposée avec des gens qui ne vivent pas dans le village. *« Or, plus il y a d'interactions, plus une langue devient structurée et donc conventionnelle »*, rappelle avec précaution Wendy Sandler.

Ces gars-là n'ont pas été scolarisés, ou très peu. *« J'ai envoyé les grands à l'école au début, mais les professeurs ne peuvent rien faire pour eux,* s'agace Husseina. *Moi, je veux quoi pour mes enfants ? Le plus important, c'est qu'ils s'adaptent, qu'ils sachent tout faire de leurs mains, qu'ils se débrouillent. S'ils ont ça, ils s'en sortiront dans la vie. Je ne peux rien espérer de plus. »*

En Égypte, la scolarité est basée sur le tout par cœur : les mêmes leçons, les mêmes chansons, lues et récitées, encore et encore. Une approche qui rend particulièrement difficile la scolarisation des enfants sourds et muets. Il y a pourtant bien l'école gouvernementale d'Assalah, à une soixantaine de kilomètres, où une classe leur est réservée depuis 2017. Un portail en fer, peint aux couleurs du drapeau égyptien, s'ouvre sur une cour en béton où deux arbres fétiches trônent face à un bâtiment rose décrépi. Le long des coursives, des tables et des bancs désossés s'entassent. Dans une salle décorée avec coquetterie, Rehab, la trentaine pimpante, boit du thé avec ses collègues. Elle n'est pas bédouine ni même originaire d'ici. Elle y a posé ses valises il y a sept ans, mais elle vient de Suez. Diplômée d'un master en enseignement avec une spécialité pour les enfants ayant des besoins spécifiques, elle rendait visite à son père sur ce littoral de la mer Rouge. Un été, on lui a dit : *« On a besoin de quelqu'un comme toi ici. »* Elle n'est jamais repartie. *« Quand je suis arrivée, les classes étaient impraticables. Il n'y avait presque pas de mobilier, de vieux livres pleins de poussière... J'ai tout viré »*, se souvient-elle. Les salles de cours sont restées humbles, mais les murs ont été repeints en blanc et bleu avec des étoiles, et les pupitres bien alignés. *« La première chose que j'ai faite, c'est de créer une classe vouée aux enfants sourds. »* Mais elle est rapidement déconcertée : *« Je parlais une langue des signes qui ne leur disait rien et je ne comprenais rien à ce qu'ils me racontaient. Il a fallu tout réapprendre. »* En effet, il n'existe pas une langue des signes universelle : chaque région du monde a la sienne. Les Brésiliens, les Russes, les Sud-Africains et les Indiens parlent tous une langue différente. Rehab avait appris la variante égyptienne de la langue des signes arabe, loin du dialecte bédouin pratiqué dans la péninsule sinaïque. *« Cette classe est devenue un lieu d'apprentissage pour eux comme pour moi. Je leur apprenais l'écriture et les mathématiques, et ils m'apprenaient leur langue. Ça a été dur, mais c'est un très beau cadeau qu'ils m'ont fait »*, relate-t-elle.

Pourtant, parfois, Rehab perd un peu espoir. Aujourd'hui, comme bien souvent, elle chôme. *« L'école est vide. C'est comme ça, il faut accepter que d'un matin à l'autre, on ne sache pas qui viendra. Je n'ai que cinq enfants qui viennent régulièrement. À l'échelle des centaines d'enfants dans le besoin de la région, ce n'est rien. »* À l'image de Husseina, la majorité des Bédouins ne considèrent pas l'enseignement académique comme une priorité. Les premières années, Rehab chaussait ses baskets et embarquait un cahier pour faire du porte-à-porte dans les villages alentour, plusieurs fois par semaine, pour convaincre les parents de lui confier leurs gamins. Mais elle a fini par se résigner. La jeune femme aimerait contribuer au bien-être de la communauté, mais comment aider sans s'immiscer ni se substituer ? *« C'est pareil avec les oreilles électroniques ! »*, lâche-t-elle.

Les oreilles électroniques

C'était peu de temps avant son arrivée, en 2016. Rehab vivait encore à Suez, mais Emira, elle, s'en souvient. C'était en avril, un mercredi. L'agitation et la fièvre des grands jours s'étaient emparées de la place de la petite station balnéaire. Des centaines de Bédouins, principalement des hommes, s'amassaient à l'entrée du centre communautaire. Des pick-up étaient venus de toute la presqu'île... Les femmes de l'association avaient préparé de grandes tables avec des dattes, des biscuits, des jus de fruits et des bricoles. La salle de réunion avait même été vidée de son mobilier poussiéreux et serpillée. On avait disposé autant de chaises que possible. Une masse de têtes enturbannées s'étaient faufilées à l'intérieur : *« On vient pour les oreilles électroniques ! »*

Arrivée du Caire, cette travailleuse sociale était dans le convoi de l'association Nidaa auquel s'étaient greffés une ribambelle d'officiels du ministère de la Santé et de la Solidarité égyptien, des docteurs, des techniciens et plusieurs gouverneurs de la région. L'entremetteuse de cette réunion avait été Gilly, une ballerine anglaise retraitée, venue passer ses vieux jours au bord de la mer. Interpellée par le nombre surprenant de personnes sourdes dans son quartier, elle avait pris la vieille Jeep de son mari et avait fait le trajet à travers les plaines sèches jusqu'au plus grand hôpital du Caire pour commander quelques sonotones. *« Pour essayer. »* Frappée par son récit, une équipe de soignants avait décidé de venir en personne. Emira était de la partie. Peu de temps après, ils avaient débarqué pleins de bonnes intentions mais phagocytés par tout le barda du ministère, qui voulait se donner de grands airs. Pendant trois jours, ils avaient examiné les oreilles de chaque Bédouin qui se présentait. *« Oh, tu aurais dû voir ça, c'était fantastique !* se souvient Gilly. *J'ai vraiment eu l'impression d'être à la manœuvre de quelque chose d'utile et d'extraordinaire ! »*

L'octogénaire me tend les prospectus, les modèles de tests et les notes qu'elle avait consignées dans un carnet. Au total, cinquante-deux personnes – celles dont la surdité n'était pas trop profonde – avaient été jugées éligibles à l'obtention d'une aide auditive. Après la confection des appareils dans la capitale égyptienne, l'association était revenue quelques semaines plus tard pour les distribuer. Au club communautaire d'Assalah, on a conservé précieusement la liste des bénéficiaires sur un ordinateur obsolète. *« Pourtant, je n'ai vu personne qui soit équipé »*, osé-je objecter auprès de la directrice. Silence. Le petit bout de femme *british* à mes côtés tire discrètement sur ma manche et me glisse : *« Personne ne les a jamais portés... »*

« Ça a été un échec, m'expliquera plus tard Emira. *Nous n'étions pas bien préparés. Les Bédouins ont montré un vrai intérêt, nous étions tous très enthousiastes, mais on s'est rapidement rendu compte que les contraintes de tels équipements ne coïncidaient pas avec leur mode de vie. Nous avons été naïfs : comme s'il suffisait de donner des appareils à des sourds pour que soudain, ils deviennent entendants. Ça ne marche pas comme ça. Il aurait fallu rester à leurs côtés, leur apprendre à s'approprier ces sensations nouvelles, leur proposer des thérapies de l'écoute et de la parole. Ça n'a pas été fait »*, dit-elle, amère. D'un doigt moite, je parcours la liste des personnes qui ont reçu ces aides auditives... *« Mohamed Abu Garab et sa famille. À Safah. »*

« Pour parler quelle langue ? »

Quelques jours plus tard, de retour dans le petit salon aux murs bruts désormais si familiers. Husseina me regarde interloquée : *« Oui, les oreilles électroniques, elles sont là ! »* dit-elle en m'entraînant dans la chambre. Personne dans la famille ne les avait jamais mentionnées. Dans la pièce sombre, encombrée de couvertures jetées au sol pour le couchage des enfants, elle s'accroupit et farfouille un moment dans ses affaires. Entre ses bijoux et quelques objets auxquels elle est attachée, elle sort quatre boîtiers un peu poisseux et rayés. *« Je t'en prie. On y tient beaucoup, je sais que ça a une grande valeur »*, dit-elle en passant sa manche sur les écrins. *« Mais personne ne les porte ? Pourquoi ? » « Ça ne marche pas bien et ce n'est pas pratique. Pour les enfants, c'est difficile : ils traînent dans la poussière, font toujours plein d'acrobaties, ils risquent de les perdre ou de les casser. »*

Mohamed non plus ne porte pas le sien. *« Il est trop vieux, il a passé toute sa vie sans. Pour lui, c'est insupportable, ça fait du bruit dans sa tête, ça fait "ouh ouh" ! »* Le chef de famille se faufile par l'entrebâillement de la porte et indique le signe de la douleur : un poing qui se déploie comme une explosion près de sa tête. *« Et puis, pour quoi faire ?* renchérit Husseina. *Pour parler quelle langue ? Le dialecte bédouin ? Il ne le connaît pas ! Pourquoi se compliquer la vie alors qu'on n'a aucun problème pour communiquer ? »*

Gilly, elle aussi, est sur le pas de la porte. À la fois déconfite et émerveillée. *« Tu vois, c'est une leçon de vie qu'ils nous donnent. Parfois, tu penses bien faire ou tu crois aider, mais encore faut-il comprendre ce que les gens veulent réellement. Leur solidarité l'a emporté sur le reste. Ils n'ont besoin de personne d'autre, ils sont en paix. »* •

Lucia Di Iorio, éco-acousticienne

Chercheuse en éco-acoustique, Lucia Di Iorio tend une oreille attentive et curieuse aux paysages sonores qui se cachent sous la surface de l'eau. Une symphonie méconnue du grand public, qui fournit pourtant de précieuses informations sur l'évolution de la vie marine à l'ère du dérèglement climatique. Pour *Usbek & Rica*, elle dévoile les coulisses de son quotidien et de sa vocation.

Éco-acousticienne et chercheuse au Centre de formation et de recherche sur les environnements méditerranéens de l'université de Perpignan Via Domitia, Lucia Di Iorio contribue à la création d'une sonothèque mondiale sous-marine, la Global Library of Underwater Biological Sounds pour surveiller l'évolution de ces écosystèmes menacés par les activités humaines.

Propos recueillis par **Sophie Kloetzli**

Hydrophone

« Quand j'ai commencé, il y a une vingtaine d'années, il y avait très peu d'éco-acousticiens sous-marins, et ils utilisaient des hydrophones plutôt rudimentaires ou très chers et limités à quelques grands instituts. Aujourd'hui, on travaille avec des instruments beaucoup plus abordables et plus accessibles (d'où l'explosion de la discipline ces dernières années). Concrètement, on immerge les hydrophones dans l'eau, on les pose généralement au fond de la mer, et on les récupère quelques mois plus tard pour écouter et analyser les enregistrements. Donc, on ne reste pas longtemps sur place. En revanche, on fait d'autres types de prélèvements depuis le bateau, comme l'ADN environnemental pour faire de la génétique. Avec mes collègues à Perpignan, nous recensons également la faune. »

Signal

« Enregistrer les sons, c'est facile ; les analyser, beaucoup moins. La difficulté de l'éco-acoustique réside dans son interdisciplinarité. Il faut être écologue, mais aussi connaître la physique pour étudier la propagation du son et avoir des notions de traitement du signal pour extraire des informations de ces paysages sonores. Souvent, on ne fait pas qu'écouter les sons, on les regarde aussi parce que leur forme, à l'écran, nous donne des indices. On peut ainsi isoler différents types de sons, les associer à certaines espèces ou phénomènes. Par exemple, on observe beaucoup l'impact du tourisme sur les sites de reproduction d'espèces emblématiques de la Méditerranée comme le mérou ou le corb, dans les aires marines protégées. »

Rascasse

« Lorsque j'enregistre des sons, dans 95 % des cas, je ne sais pas ce qui en est la source. Chaque fois que j'ouvre un enregistrement, je découvre quelque chose de nouveau. La première fois que j'ai écouté les herbiers de posidonie (*une plante à fleurs aquatique connue pour stocker de grandes quantités de* CO_2*, ndlr*), en Méditerranée, j'avais l'impression d'être dans un étang et d'entendre une sorte de crapaud. Pendant trois ans, on a cherché sa source. On est désormais pratiquement certain qu'il s'agit de la rascasse, un poisson qui vit dans les fonds marins. Des collègues en ont disséqué quelques-unes et se sont rendu compte qu'elles avaient des tendons le long du corps, dont on suppose qu'ils vibrent comme des cordes de guitare, ce qui émettrait ce son étonnant. »

Clic

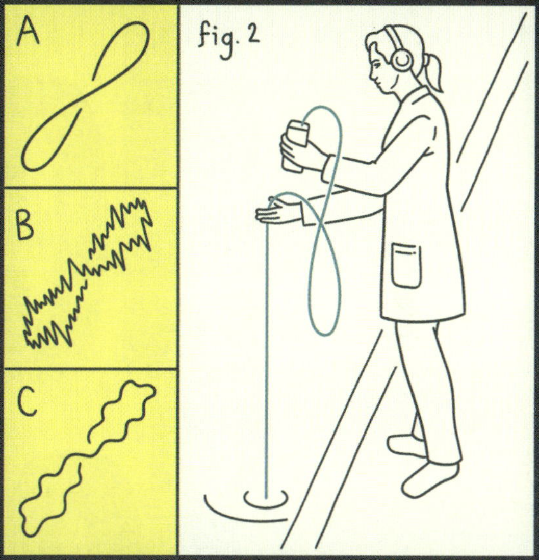

« Lors de ma première mission en mer, nous avons passé la journée à écouter un cachalot. Nous étions dans l'une des zones les plus profondes de la Méditerranée. Sous l'eau, nous n'entendions pas grand-chose, juste ses différents "clics" qui varient en fonction de son comportement. C'était fascinant. Quand on raconte qu'on travaille sur les sons marins, il y a parfois cette idée un peu moqueuse qu'on est payé à écouter les poissons et particulièrement les baleines – ce que j'ai commencé par faire il y a quinze ans. D'ailleurs, la première fois que j'ai entendu une baleine bleue, le son était tellement grave que tout mon corps a vibré, c'était vraiment une expérience physique. Mais ce qui m'intéresse le plus aujourd'hui, c'est de comprendre comment le réchauffement climatique et les activités humaines affectent les paysages sonores marins. » •

Réinventer la Chine depuis Tokyo

Dans ses *Lettres persanes*, Montesquieu fait de l'étonnement philosophique le meilleur moyen d'ouvrir des perspectives nouvelles. Fidèle à cet héritage, *Usbek & Rica* propose désormais, dans chaque numéro, un regard étranger sur le futur. Pour inaugurer cette rubrique, intitulée « Loin d'ici », nous publions un article de Chang Che, journaliste américain d'origine chinoise qui a passé une partie de son enfance au Japon. Pour le *New Yorker*, il est parti à la rencontre d'une nouvelle génération d'émigrés chinois qui reconstruit à pas feutrés les fondations d'une société civile, loin de Xi Jinping et de son régime liberticide. Cet article a paru à l'origine en juillet 2024.

Depuis la pandémie de Covid-19, réfugiée à Tokyo ou Kyoto, une nouvelle communauté d'expatriés chinois ouvre des librairies, assiste à des conférences et imagine des alternatives au régime de Xi Jinping depuis la relative sécurité qu'offre le Japon.

Texte
Chang Che

Traduction
Mélanie Fazi

Illustration
Hand of Umi

Publication
originale
THE NEW YORKER

SOY!

Enseignant, tout juste entré dans la vingtaine, Zhang eut la prémonition d'une crise imminente. Le nouveau millénaire débutait à peine, et Zhang (qui m'a demandé de n'utiliser que son patronyme, par crainte de représailles du gouvernement) vivait dans une ville moyenne du centre de la Chine où il apprenait le chinois à des lycéens. Un jour, entouré de collègues proches de la retraite, il imagina son avenir et en fut horrifié : *« Ce genre de vie, prévisible du début à la fin, m'a terrifié. »* C'est ainsi qu'en 2001, il quitta son emploi pour devenir un *beipiao (terme argotique désignant des « vagabonds » immigrés en quête de perspectives et de sens à Pékin).*

Quand Zhang s'installa à Pékin, la capitale traversait une période exaltante de transformations. En 1989, après la répression des manifestations de la place Tian'anmen, le Parti communiste s'était concentré sur la croissance économique, démantelant de vieux bâtiments et semant – selon le cliché médiatique alors en vigueur – les *« graines d'une société civile »*. Des journalistes publièrent des articles audacieux sur la corruption officielle. Des avocats défendirent les droits des travailleurs. Librairies et universités devinrent de hauts lieux de débat public. L'année où Zhang emménagea à Pékin, la Chine rejoignit l'Organisation mondiale du commerce, mue par une *« nécessité historique »*, d'après l'expression consacrée des médias d'État de l'époque. Et quatre-vingts ans après les fameuses visites des philosophes John Dewey et Bertrand Russell, la Chine célébra le philosophe allemand Jürgen Habermas, connu pour son concept d'*« espace public »*, où des individus privés débattent de sujets d'intérêt public.

Zhang profita des nouvelles possibilités qu'offrait la Chine en matière d'exploration de soi. Il trouva un poste d'éditeur dans une petite maison, fréquenta des librairies, rédigea des critiques de livres et assista à des concerts ainsi qu'à des conférences à l'université de Pékin, haut lieu de l'enseignement supérieur chinois. Au début des années 2000, les universités étaient ouvertes au public, et les classes suivies par ceux que les médias surnommaient *« youxuesheng »* (« étudiants nomades »). Zhang, nostalgique, se revoit traverser à vélo le tourbillon de marchands ambulants à la porte sud de l'université et parcourir les annonces de conférences sur les tableaux d'affichage du campus. *« À l'époque,* me dit-il, *on faisait tout à l'université de Pékin. On y mangeait, on s'y douchait, on y jouait au basket. »*

Mais l'espace public commença à se réduire en Chine – lentement au départ, lors des années précédant l'accession de Xi Jinping au pouvoir en 2012, puis abruptement par la suite. Le journal du Parti se mit à dépeindre la société civile comme un *« piège »* tendu par des agitateurs occidentaux. Des centaines d'avocats spécialisés dans les droits de l'homme, de journalistes d'investigation et d'activistes féministes furent placés en détention provisoire, emprisonnés ou surveillés. Les universités chinoises subirent l'obsession de Xi Jinping pour la *« sécurité totale »*. Les portes furent barricadées et dotées de scanners de reconnaissance faciale ; les étrangers n'étaient plus autorisés à entrer librement sur les campus. Quand Zhang se rendit à l'université de Pékin en 2017, il dut patienter une heure dans la file réservée à l'identification des visiteurs.

Au fil du temps, Zhang, qui avait gravi les échelons en devenant cadre chez un grand éditeur chinois – *« les avant-postes de l'idéologie »*, selon ses termes –, se rompit au fonctionnement de la censure. En 2018, le Parti lança un plan d'évaluation d'envergure. Chaque éditeur serait noté sur un score de *« bénéfice social »* reflétant sa convenance politique et morale. Les entreprises se voyaient retirer des points lorsqu'elles publiaient du contenu qui *« s'opposait au Parti et aux directives du gouvernement »*, ce qui entraînait des coupes budgétaires affectant le salaire des employés. Zhang s'amusa de l'ironie amère de ce nouveau système, dans lequel patriotisme et profit étaient si explicitement mêlés. *« Tout le monde tâtonnait encore avec tout ça,* se rappelle-t-il. *On se demandait par exemple :* "Tiens, si j'écrivais un article pour *Le Quotidien du peuple*, est-ce que ça m'ajouterait un point ?" »

Sa santé mentale déclina et il commença à imaginer une vie à l'étranger. Il tenait depuis longtemps le Japon en haute estime : au cours d'un voyage, son épouse avait craint d'avoir perdu leur fille de 3 ans dans le métro, avant de découvrir qu'une vieille Japonaise l'avait secourue. Et s'il lançait sa propre maison d'édition à Tokyo ? Quelques années auparavant, son équipe avait refusé de publier les mémoires d'un auteur du Nord-Est industriel de la Chine qu'il avait défendu, au motif que la description des difficultés économiques de cette région était *« trop lugubre »*. La décision l'avait découragé. *« Il n'y avait pas une seule partie dans ce livre qui soit ouvertement critique »*, me précise-t-il. Bientôt, il déposa une demande de visa réservé aux chefs d'entreprise au Japon, une procédure très prisée des citoyens chinois qui espèrent obtenir ensuite un droit de séjour permanent. En septembre 2021, les Zhang déménagèrent officiellement à Tokyo.

Pour des raisons allant de la répression politique aux confinements pandémiques et à une culture du travail implacable, un nombre croissant de Chinois sont devenus adeptes de l'émigration ou *runxue* (« philosophie de la fuite »). En 2022 et 2023, ils étaient plus de 300 000 à quitter le pays, d'après les données des Nations unies – deux fois plus qu'en 2012. Les plus nantis se sont arraché les villas de luxe singapouriennes et ont contribué à une augmentation record des prix de l'immobilier à Tokyo, quand les plus modestes ont entrepris un dangereux périple : entrer aux États-Unis en passant par la région du Darién à la frontière entre la Colombie et le Panama. Dans cet exode, beaucoup ressemblent à Zhang : des membres de la classe moyenne qualifiés et instruits qui profitaient autrefois de la vie publique offerte par les grandes villes de Chine.

Une génération plus tôt, l'Occident était la principale destination des élites chinoises. Désormais, nombreux sont ceux qui lui préfèrent le Japon. D'après les chiffres officiels, plus de 2 000 Chinois y ont émigré en 2022 avec un visa de chef d'entreprise, soit 50 % de plus qu'en 2019. Parmi les premiers arrivants, les entrepreneurs de la tech chinois. Leur icône, Jack Ma, aurait lui-même séjourné à Tokyo après une dispute médiatisée avec les autorités fin 2020. Un afflux régulier d'employés issus de la classe moyenne, dont une part importante de créateurs de contenu culturel, lui a succédé depuis. Lu (je l'appellerai ainsi) est l'un d'entre eux. L'auteur chinois est arrivé en septembre 2023 grâce à un visa de travail parrainé par un ami. La démarche lui a pris trois mois, beaucoup moins que ce qu'il avait estimé pour les États-Unis. Alors que certains hommes politiques américains rejettent les immigrants chinois, le Japon a facilité l'obtention d'un visa pour les travailleurs qualifiés et les jeunes diplômés des grandes universités. *« Aujourd'hui, seuls les professionnels de très haut niveau s'installent en Amérique du Nord,* m'explique Lu. *Les petits intellectuels comme moi vont à Tokyo. »*

Il a fallu un moment à Zhang pour prendre part à la vie publique de sa ville d'adoption. *« Pour les gens comme nous qui avons grandi sur le continent, la liberté est une drogue,* confie-t-il. *Une fois arrivés ici, même si on ne fait rien et qu'on se contente de vivre de nos économies, c'est suffisant. »* Puis, l'année dernière, il a commencé à voir des noms familiers mentionnés dans des groupes de messagerie : chercheurs, journalistes et auteurs qui avaient récemment visité le Japon ou s'y étaient établis. En juin dernier, un historien chinois qu'il admirait de longue date a donné une conférence à l'université de Tokyo. *« Il fallait absolument que j'y aille. »* Zhang est entré dans le campus de l'université par le portail, sans être dérangé par des agents de sécurité inquisiteurs. Lorsqu'il s'est avancé dans la salle, il a découvert une scène tout droit sortie de ses souvenirs : le professeur au pupitre et une foule de Chinois captivés. *« C'était... oh là là... c'était tellement émouvant. »* La vie qu'il aimait tant à Pékin avait disparu. Et voilà qu'elle réapparaissait à Tokyo.

Environ 60 millions de Chinois et leurs descendants vivent aujourd'hui à l'étranger, d'après les estimations du gouvernement chinois, soit une population à peu près égale à celle de la France. Je m'inclus parmi eux. Mes parents étaient étudiants à Pékin dans les années 1980 lorsqu'ils se sont retrouvés emportés par l'agitation démocratique qui faisait rage de l'Europe de l'Est aux rues de Séoul. Quand les militaires ont ouvert le feu sur les manifestants de la place Tian'anmen, ils ont décidé de quitter la Chine, renonçant à leur idéalisme politique pour le désir ordinaire de gagner de l'argent et de chercher le bonheur dans le présent. Grâce à l'aide d'un proche, ils ont émigré à Tokyo, où ils ont décroché un doctorat en physique et chimie. Quelque temps après, ils ont emménagé aux États-Unis. Leurs camarades de fac avaient délaissé la Chine en si grand nombre au cours de la décennie suivant Tian'anmen que des réunions de classe ont désormais lieu dans la baie de San Francisco.

J'ai grandi à Tokyo dans les années 1990 ; mes parents avaient noué des liens avec d'autres étudiants de troisième cycle chinois, mais il y avait très peu d'autres points de rencontre. La plupart semblaient se concentrer sur la nécessité de joindre les deux bouts ou d'obtenir un diplôme pour ne plus avoir à lutter financièrement. Depuis, les choses ont bien changé. En l'espace d'un an, un paysage de librairies, de salons littéraires et d'espaces de conférences chinois est apparu à Tokyo. J'y suis retourné en mars 2024 et, quelques heures après mon arrivée, je me suis retrouvé happé dans un groupe de conversation en ligne réunissant 270 émigrés chinois. Le groupe paraissait partager chaque jour un nouveau séminaire, un club de lecture ou une conférence auxquels assister. La différence la plus frappante entre les nouveaux émigrés et mes parents ne tenait pas à la richesse ni même aux outils de communication modernes : c'était leur soif de rassemblement. *« Cette année a été, sans aucun doute, un point de bascule,* m'a expliqué un employé chinois d'une librairie appelée *"One Way Street". Avant, on se rencontrait juste en tête-à-tête autour d'un verre. »*

One Way Street, nommée d'après le recueil d'essais du philosophe Walter Benjamin, se situe dans une ruelle isolée de Ginza, quartier chic de Tokyo. C'est un endroit modeste avec une façade blanche et des livres placés à des hauteurs tellement inaccessibles qu'ils brouillent la frontière entre marchandise et décor. Un escalier en bois et en colimaçon conduit à un espace aménagé en salon où, d'après le personnel débordé, la boutique a organisé plus d'une centaine d'événements et de tables rondes depuis son ouverture en août 2023. Lors de ma visite, un banquier japonais animé gesticulait devant un public chinois en tentant d'expliquer les subtilités du système financier nippon. Chaque fois qu'il faisait une blague, les spectateurs riaient avant que l'interprète ne traduise. Apparemment, tous étaient bilingues ou, du moins, faisaient semblant de l'être.

La boutique de Ginza est née dans l'esprit de Xu Zhiyuan, intellectuel reconverti en entrepreneur, connu pour avoir cofondé une chaîne de magasins spécialisés dans la vente de livres en Chine. Sa première librairie sino-tokyoïte a ouvert en 2005, dans une cour de l'ancien palais d'Été ; *One Way Street* possède à présent des adresses dans d'autres provinces et s'est diversifiée en se lançant dans les podcasts, les contenus vidéo et la vente de café. La boutique paraît issue des rêves romantiques de Xu bien plus que d'une logique commerciale pragmatique. Quand la Chine a appliqué des restrictions sur les voyages début 2020, Xu s'est retrouvé bloqué au Japon. Depuis des années, il menait des recherches pour rédiger une biographie en plusieurs volumes de l'un des grands visionnaires de la Chine moderne, Liang Qichao. Il y a là une certaine ironie : en 1898, Liang avait fui à Tokyo après une tentative ratée de réforme du système impérial chinois, qui avait fait de lui un homme recherché. Mais, Liang ayant été stimulé par des intellectuels japonais et leurs abondantes traductions de textes occidentaux, c'est en exil que ses écrits politiques ont atteint une sorte d'acmé créative. Xu voulait reformer cette rencontre d'esprits d'autrefois. Il a publié son dernier volume consacré à Liang, *The Exile*, le mois de l'ouverture de la librairie de Ginza.

À quelques kilomètres au nord de *One Way Street*, on trouve une autre librairie chinoise : *Juwairen*, « l'étranger » en chinois, d'après l'ouvrage d'Albert Camus. Son propriétaire plein d'entrain, Zhao Guojun, était naguère imprésario culturel à Pékin, connu dans la communauté juridique pour avoir contribué à accueillir des forums et séminaires sur l'actualité ou, suivant ses propres termes, sur *« tous les sujets sensibles du moment »*. À plusieurs centaines de kilomètres de là, la librairie *Feidi* basée à Taïwan projette d'ouvrir elle aussi une succursale dans la ville d'ici à la fin de l'année 2024. Selon leurs divers propriétaires, ces établissements cherchent à multiplier les espaces publics chinois, devenus rares sur le continent. Les livres ne font que fournir le décor. *« Ils sont comme l'interface ou l'expérience utilisateur d'un site Internet »*, décrypte Annie Zhang, à la tête de la librairie taïwanaise, qui s'apprête à ouvrir une branche tokyoïte. Ces deux dernières années, elle a été contactée par des immigrants chinois à New York, Amsterdam et Berlin. *« Ils veulent tous lancer à leur tour leur établissement »*, relate la propriétaire de *Feidi*.

Lu *(l'auteur arrivé en septembre 2023 grâce à un visa de travail parrainé par un ami, ndlr)* dirige à présent une chaîne YouTube sur l'histoire chinoise et l'actualité. Il estime à plusieurs centaines le nombre de créateurs de contenu culturel qui se sont récemment installés à Tokyo et pratiquent des activités similaires. De quoi nourrir un nouvel écosystème de médias chinois à l'étranger, libérés des censeurs du Parti. Certains mettent en place des revues et des maisons d'édition ; d'autres accueillent des podcasts et des concerts. En mars, Li Zhi, un chanteur de rock chinois censuré, connu pour ses ballades critiquant le gouvernement – parmi lesquelles *The Square*, qui parle de la répression de Tian'anmen –, a annoncé de multiples concerts au Japon. C'était sa première tournée en cinq ans, après l'annulation de ses spectacles et la disparition de ses morceaux des sites de streaming en 2019, à l'occasion du trentième anniversaire du massacre. Les places se sont écoulées en quelques semaines, et une vidéo de son concert à Osaka montre une marée de fans l'acclamant à pleins poumons.

« Je n'avais pas l'habitude. Je me suis posé la question : pourquoi n'y a-t-il personne qui nous contrôle ? »

Zhang
Enseignant chinois installé à Tokyo

L'éditeur Zhang a, quant à lui, cofondé une nouvelle société, qui a fait paraître l'un de ses premiers livres l'hiver dernier, *Between Staying and Leaving*, consacré au dilemme des intellectuels après la victoire des communistes chinois en 1949. Il a imprimé pour l'instant un millier d'exemplaires, une fraction seulement du volume des titres commerciaux dont il s'occupait lorsqu'il vivait en Chine, mais il estime que cela en vaut la peine. *« J'ai mes propres besoins spirituels. »* L'auteur de cet essai, un intellectuel du continent, avait publié une version censurée de l'ouvrage en Chine en 2005. Et Zhang de citer un extrait de la quatrième de couverture : *« Une fois de plus, les intellectuels chinois sont confrontés au choix de rester ou de partir. Il est extrêmement regrettable que ce livre soit encore d'actualité de nos jours. J'avais toujours espéré que mes mots tombent rapidement dans l'oubli. Hélas ! »*

Quelques heures après avoir assisté à ma première conférence à Tokyo, j'ai reçu un message du groupe de discussion. Il provenait d'un avocat spécialisé dans les droits de l'homme, Li Jinxing. *« Chers amis, je projette de lancer une campagne de financement participatif pour la création d'une bibliothèque en langue chinoise à Tokyo dans un futur proche. Toute contribution sera la bienvenue. »* Lorsqu'il vivait en Chine, Li était un célèbre avocat pénaliste et jouait un rôle actif dans la société civile, organisant, entre autres, des événements autour de la réforme judiciaire, de la libéralisation des marchés et des inégalités sociales. *« Un avocat est un activiste social,* me dit-il. *Il ne s'agit pas simplement d'interpréter la loi, mais de voir dans quelle mesure on peut mobiliser les ressources de la société pour venir à la rescousse de son client. »*

Au cours de l'été 2015, le Parti arrêta des centaines d'activistes et d'avocats spécialisés dans les droits de l'homme. Le bureau de Li fit l'objet d'une rafle, et sa licence en droit fut révoquée. *« Quand vos camarades se font emmener, vous savez que vos jours sont comptés »*, m'explique-t-il. Tandis que les moyens de pression s'accentuaient, Li a peu à peu perdu foi dans son travail. *« J'avais le sentiment qu'être avocat en Chine ne servait à rien. Alors j'ai décidé de changer d'identité. »* Ainsi, en septembre 2022, il s'installe à Tokyo, où il commence à organiser des événements pour les émigrés chinois dans un bâtiment carrelé de beige à proximité d'un campus. Lorsque je suis venu à Tokyo, il tenait un club de lecture comparant le chemin de la Chine et du Japon vers la modernité ainsi qu'une conférence d'un intellectuel du continent au sujet d'un révolutionnaire chinois du début du xxe siècle qui avait passé du temps à Tokyo.

C'est donc par un après-midi ensoleillé que je me suis rendu à cette conférence, qui faisait partie d'une série intitulée « Reconstruire la Chine à Tokyo ». Quand je suis entré dans le bâtiment, Li et son épouse étaient en train de disposer des chaises pliantes. La pièce était nue, mais le long des murs blancs, Li avait accroché des portraits d'avocats, de journalistes et d'activistes toujours détenus par le Parti. Rapidement, des Chinois de tous âges défilaient dans son bureau, parmi lesquels Zhang, qui avait édité les œuvres du spécialiste s'apprêtant à donner la conférence.

Lorsque Li alluma le projecteur, l'image d'un homme maigre et nerveux vêtu d'une veste à franges et à épaulettes apparut sur l'écran. Le conférencier (qui a demandé à rester anonyme, par crainte de représailles du gouvernement) présenta l'homme comme étant Cai E, l'un des disciples de

Liang Qichao. En 1899, à tout juste 16 ans, Cai s'était installé à Tokyo. Il avait plus tard été formé dans une académie militaire japonaise avant de se tourner vers l'action politique. Il rentra en Chine en 1904 et gravit les échelons de l'armée dans le Sud du pays. En 1911, Cai prit part à la révolution qui renversa la dynastie Qing et établit la République de Chine. *« Tokyo a nourri Cai,* observa le conférencier, faisant allusion tout autant à ses compétences de chef militaire qu'à son anti-impérialisme. *C'est au Japon que les graines de la reconstruction de la Chine ont germé. »*

Les critiques de Xi Jinping comparent depuis longtemps le secrétaire du Parti à un empereur chinois. Où sont, dès lors, les Cai E de notre époque ? *« Ce monde est simple quand on y réfléchit,* conclut le spécialiste. *Il suffit de trouver de jeunes gens, de 17 ou 18 ans, de les former pour en faire des Cai E, et vous aurez tout le nécessaire. Mais quelle famille vous laissera transformer ses enfants en Cai E ? Les familles d'aujourd'hui veulent qu'ils deviennent Jack Ma. »* Ce bon mot suscita les rires du public.

Au-delà des choix pédagogiques, beaucoup d'émigrés affirment que c'est à cause de la répression chinoise à l'étranger qu'un Liang ou un Cai E tarde à émerger. Au cours des manifestations des « pages blanches » de 2022, des membres de la diaspora chinoise de Paris à Sydney et Tokyo ont organisé des rassemblements de solidarité. Plusieurs d'entre eux ont confié par la suite que leur famille restée en Chine avait été contactée par la police. En février 2024, Teacher Li, une personnalité influente de Twitter, devenue célèbre pour avoir posté des vidéos des manifestations en Italie, a partagé des captures d'écran de certains de ses abonnés en Chine qui disaient avoir été interrogés par la police. Même dans les nouveaux espaces publics de Tokyo, certains émigrés hésitent toujours à parler du continent. Quand j'ai demandé à Xu, le propriétaire de la librairie de Ginza, pourquoi une figure comparable à Liang Qichao ne s'imposait pas aujourd'hui, il m'a répondu sans détour : *« Cet État est trop fort. »*

Une semaine plus tard, dans le centre de Tokyo, plus d'une centaine de Chinois s'entassaient dans une salle de conférences de l'université Meiji – qui tire son nom de la période de bouleversements qui a transformé le Japon féodal en État moderne. L'université avait invité un groupe de progressistes chinois pour débattre du rôle que le Japon pourrait jouer cette fois-ci dans l'évolution politique de la Chine. Parmi eux, Wu Guoguang, exilé de la génération de Tian'anmen et maître de recherches universitaires au Stanford Center on China's Economy and Institutions. Dans sa conférence, Wu a avancé une théorie pour expliquer pourquoi de nombreux Chinois semblent soutenir le Parti communiste, malgré ses ratés en matière de reprise économique et de gestion de la pandémie : *« Le peuple chinois n'arrive pas à imaginer d'alternatives. »*

Et l'intellectuel de préciser que beaucoup de gens adhèrent à la propagande selon laquelle *« la dissolution de l'autorité du pays entraînerait celle du pays lui-même »*, avant de se tourner vers les émigrés : *« Je présume que vous avez obtenu ici, en vivant sous ce régime politique, des choses que vous ne pouviez pas avoir en Chine. Posez-vous cette question : si vous pouvez en bénéficier au Japon, pourquoi ne le pourriez-vous pas en Chine ? »* C'est aux émigrés, d'après lui, de mettre au point une alternative plus désirable. *« Comment pouvons-nous y parvenir ? Ce sera une question pour un autre jour. Dans un premier temps, vous devez déjà le concevoir. »*

On émigre souvent sans heurt, mais la démarche psychique peut, elle, se révéler bien plus épineuse. Dans les années 1980 et 1990, les partisans de l'intégration comme mes parents s'installèrent aux États-Unis, furent embauchés dans des entreprises en tant que scientifiques et évitèrent au maximum de se rapprocher des communautés

> *« En Chine, je ne savais jamais ce que m'apporterait le lendemain. Au Japon, je sais précisément ce que demain ne m'apportera pas. »*
>
> **Wang**
> Ancien propriétaire d'une librairie indépendante en Chine

chinoises. À leurs yeux, la paix et la prospérité étaient l'avenir, tandis que Pékin restait fermement ancré dans le passé. Plusieurs émigrés plus âgés que j'ai rencontrés au Japon partagent cette vision des choses et se hérissent à l'idée de reconstruire la Chine à Tokyo. *« Ils ne comprennent pas la société japonaise,* m'a expliqué un journaliste chinois qui avait émigré à la fin des années 1980, en parlant des nouveaux arrivants. *Il faut qu'ils apprennent d'abord la langue et la culture. »* D'autres s'étaient tenus à l'écart de leur nouveau pays, persuadés qu'ils avaient quelque chose à sauvegarder. *« Quand nous avons quitté la Chine, nous nous imaginions encore que nous reviendrions »*, me raconte Wang Dan, l'un des dirigeants des étudiants de Tian'anmen, exilé aux États-Unis depuis des décennies.

Beaucoup de nouveaux émigrés semblent échapper à ces catégories. Bien qu'un grand nombre d'entre eux aspirent à réinventer la Chine à l'étranger, ils ne se perçoivent pas comme les seuls à être exilés : leur Chine est une Chine en synergie avec les cultures étrangères. *« Il ne s'agit pas de choisir entre préserver son pays natal et s'assimiler au pays d'arrivée. La plupart d'entre nous oscillent entre les deux »*, développe Annie Zhang, la propriétaire de la librairie taïwanaise *Feidi*. Les émigrés auxquels j'ai parlé utilisaient souvent un terme courant pour décrire leur expérience : *jilei*, ou « accumulation ». Ils avaient accumulé les traumas et les transgressions du pouvoir étatique, de la richesse et des compétences entrepreneuriales ainsi qu'une conscience mondiale à travers les décennies d'interactions avec l'étranger. *« Nous sommes les successeurs de quarante ans de réforme et d'ouverture de la Chine,* résume Li, l'avocat spécialiste des droits de l'homme. *Nous avons hérité d'une abondance non seulement matérielle, mais aussi intellectuelle – compréhension des marchés, des systèmes juridiques, de la démocratie et de l'impartialité de la justice. »* Si Li bâtit une communauté chinoise à Tokyo, il suit également des cours de langue japonaise. Les émigrés, semble-t-il, cherchent encore à définir leur relation à leur nouveau pays tout autant qu'à leur patrie.

Avant mon départ du Japon, j'ai pris le train jusqu'à Kyoto pour rendre visite à un homme que j'appellerai Wang, ancien propriétaire d'une librairie indépendante en Chine. *« 75 % des écrivains chinois les plus célèbres venaient y parler »*, affirme-t-il fièrement. Mais de 2020 à 2022, les fonctionnaires locaux firent fermer huit fois la boutique de Wang, dans le cadre de la politique chinoise « zéro Covid » très stricte. *« Cette impression qu'on me mettait constamment des bâtons dans les roues était insoutenable. »* Alors, au printemps 2022, il décide de suspendre ses activités et d'embarquer pour un vol sans retour vers le Japon. Depuis, sa carrière de libraire est en pause.

C'est par une soirée fraîche que je suis arrivé à Kyoto. J'ai pris un taxi pour me rendre chez Wang, où j'étais invité, ainsi qu'un autre convive de Tokyo, pour une fondue chinoise. Tandis qu'on roulait sur un chemin longeant la rivière Kamo (le cours d'eau qui traverse la ville), les célèbres *ryokans* (« auberges ») de Kyoto projetaient un éclat chaleureux sur l'eau. En entrant dans la salle à manger de Wang, un visage familier m'attendait : Zhang, l'éditeur.

Lors du dîner, il nous a raconté sa récente visite à Taïwan au cours de laquelle il avait vu des manifestations à proximité du palais présidentiel. Des élections devaient se tenir en janvier, et les manifestants associés au Parti populaire taïwanais, nouvelle alternative au Parti démocrate progressiste, criaient : *« PDP, retirez-vous ! »* L'expression *« Retirez-vous ! »*, *« xiajia »* en chinois, avait frappé Zhang comme étant étrangement modérée. *« Les démocraties respectent les règles du jeu. Les gens ne disent rien de plus fort que* "Retirez-vous !". *Mais après s'être retiré, on peut très bien revenir prendre la place ! »*

Wang fit passer des bouteilles de sauce au sésame, d'huile pimentée et d'autres condiments pour que chacun d'entre nous prépare sa sauce. Alors qu'il plongeait des travers de porc dans le bouillon brûlant, je lui demandai ainsi qu'à Zhang de partager quelques-unes de leurs premières impressions du Japon. Pour Zhang, arrivé à l'automne 2021, c'était l'approche japonaise du Covid. *« Je n'avais pas l'habitude. Je me suis posé la question : pourquoi n'y a-t-il personne qui nous contrôle ? »* Il faisait référence au confinement et à la politique de tests de masse devenue omniprésente en Chine. *« Personne ne nous demandait de faire des tests PCR. »*

Wang nous parla de sa vie dans cette grande ville parsemée de sanctuaires qu'il avait adoptée comme son nouveau foyer. La plupart des jours, expliquait-il, il respectait un emploi du temps assez libre, accueillant des invités chinois qui passaient par Kyoto et longeant la rivière Kamo à vélo. Lors de ces balades, Wang se sentait appelé, comme par la ville elle-même, à devenir quelqu'un de meilleur. Les larmes lui montèrent aux yeux. *« En Chine, je ne savais jamais ce que m'apporterait le lendemain. Au Japon, je sais précisément ce que demain ne m'apportera pas. »*

Peu avant minuit, Zhang demanda à Wang pourquoi il n'avait pas organisé d'événements ni même ouvert une librairie à Kyoto. Wang resta évasif : *« Les événements que vous citez, je peux facilement les organiser, la question est simplement de savoir si j'en ai envie. »* Zhang me regarda comme un enquêteur sur une nouvelle piste. *« C'est pour ça que je suis venu à Kyoto – pour le pousser à l'action ! Je connais parfaitement sa situation, les balades à vélo le long de la Kamo et ce genre de choses. Il se retire de la course au travail ! Il n'a plus envie de trimer. »* *« J'attends juste les bonnes conditions »*, répliqua Wang. Zhang n'insista pas, et tous deux passèrent à d'autres sujets, échangeant des nouvelles d'amis communs et partageant leurs impressions concernant la scène éditoriale taïwanaise.

Le lendemain matin, je pris le petit-déjeuner avec Zhang dans la salle à manger de Wang, avant de rassembler mes affaires pour regagner Tokyo. Avant notre départ, Wang nous invita à visiter son bureau. Il nous conduisit devant une porte à l'extérieur de sa demeure, qui semblait appartenir à son voisin. Wang possédait les deux maisons mitoyennes. La porte s'ouvrait sur ce que je pris au départ pour un salon ordinaire, avec un téléviseur et une table encombrée de livres et d'en-cas. Mais c'était avant que je remarque les bibliothèques qui tapissaient les murs jusque dans les couloirs et abritaient un attirail littéraire d'une valeur inestimable : vieux périodiques, ouvrages spécialisés, et une incroyable collection de livres dédicacés, en chinois, en japonais et en anglais. Certains avaient été expédiés depuis son ancienne librairie, expliqua Wang ; d'autres provenaient de boutiques d'occasion japonaises. Le regard de Zhang s'éclaira. *« Je n'aurais rien dû dire hier soir,* fit-il. *Vous mijotez quelque chose depuis le début. »* *« Comme je vous le disais,* répondit Wang dans un sourire, *la question n'est pas de savoir "si", mais "quand". »* •

Et si Jean-Marie Le Pen était devenu marin pêcheur ?

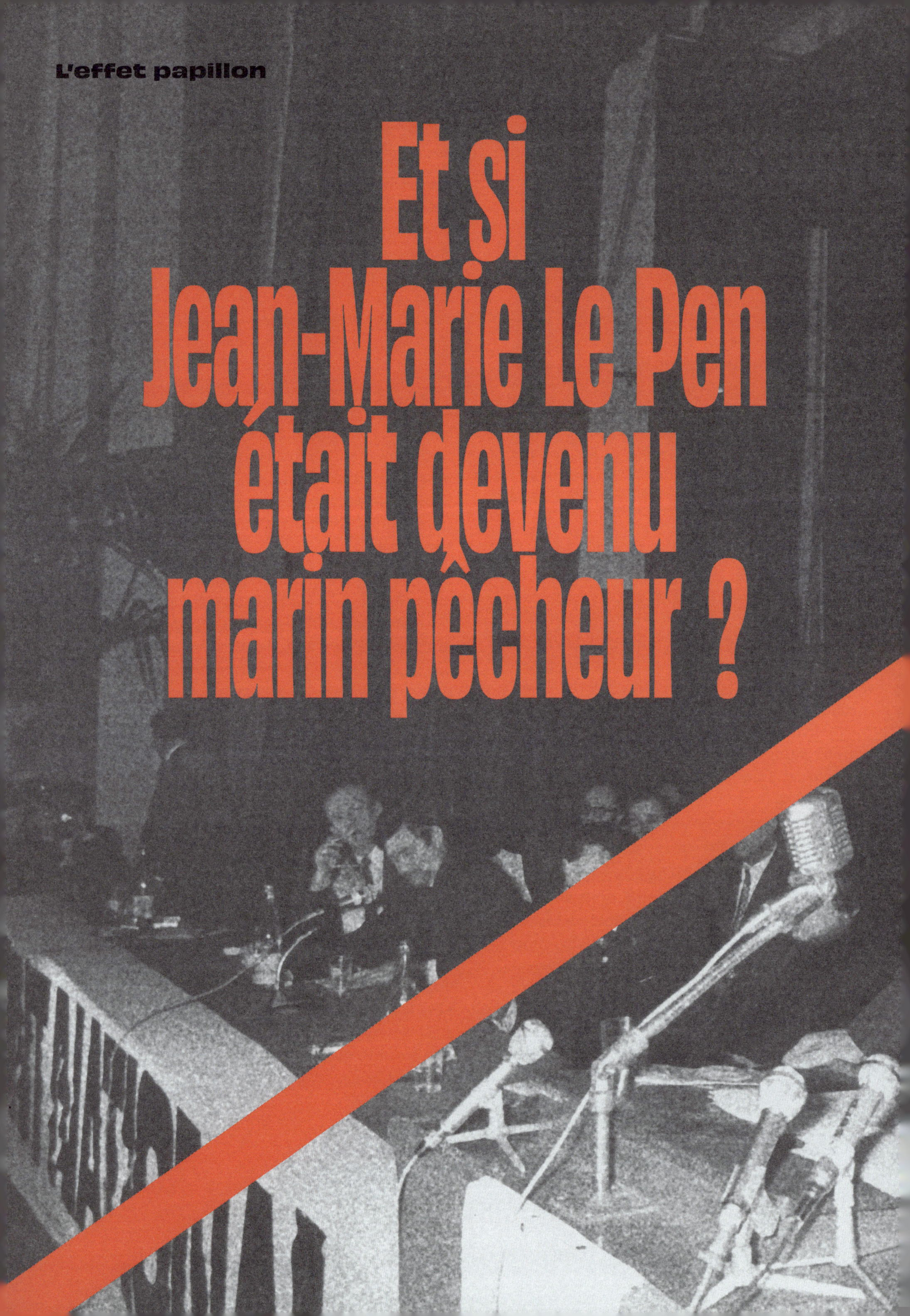

Le 22 août 1942, au large de La Trinité-sur-Mer (Morbihan), Jean Le Pen se noie après l'explosion de son chalutier contre une mine. À 14 ans, son fils unique devient «pupille de la nation». Un drame qui va forger le destin politique de celui qui fondera, trente ans plus tard, le Front national. Et si l'Histoire avait pris un chemin de traverse? Et si son père avait survécu à cet accident? Et si Jean-Marie Le Pen avait marché dans ses pas? L'histoire politique de la France (et surtout de la Bretagne) aurait peut-être été tout autre… C'est l'hypothèse qu'*Usbek & Rica* explore dans cette uchronie en forme d'interview fictionnelle.

Texte
Blaise Mao

Ce qui s'est vraiment passé

1942
Le 22 août 1942, les filets du chalut de Jean Le Pen, marin pêcheur, accrochent une mine de 500 kilos. Son corps est retrouvé dix jours plus tard, à 60 kilomètres de La Trinité-sur-Mer (Morbihan). À 14 ans, son fils unique, Jean-Marie, devient « pupille de la nation ».

1956
Après avoir terminé ses études d'avocat puis intégré l'École des officiers de réserve, Jean-Marie Le Pen rejoint le mouvement de Pierre Poujade. Farouchement anticommuniste, défenseur de l'Algérie française, il est élu à 27 ans député de Paris sur la liste du candidat populiste.

1963
Avec quelques amis dont Léon Gaultier, ancien Waffen-SS, Jean-Marie Le Pen crée la Société d'études et de relations publiques (SERP), une maison d'édition discographique qui produit des albums de musique militaire (dont un chant du IIIe Reich, ce qui lui vaudra en 1968 une condamnation pour apologie de crime contre l'humanité).

À 96 ANS, JEAN-MARIE LE PEN n'est plus aussi influent. À vrai dire, cela fait même une petite décennie que l'histoire de l'extrême droite française s'écrit sans lui. Depuis 2015, très exactement, et son éviction par sa propre fille du Front national. Pourquoi, alors, se pencher sur cette figure historique de la vie politique française et lui imaginer un destin alternatif ?

C'est l'écoute d'un podcast, recommandé par un collègue, qui nous a donné envie de nous prêter à cet exercice. Dans « Jean-Marie Le Pen, l'obsession nationale », diffusé sur France Inter au printemps 2023, le journaliste Philippe Collin mène un remarquable travail de reconstitution biographique et d'analyse de la pensée du fondateur du FN. De son Morbihan natal aux bancs de l'Assemblée en passant par l'Algérie, de sa conception biologique de la nation à sa haine du communisme et du gaullisme, de ses succès électoraux à ses dérapages rarement incontrôlés, chacune des étapes majeures de la biographie de Jean-Marie Le Pen et des subtilités de son national-populisme est évoquée au fil des sept épisodes de la série.

On s'y attarde, notamment, sur l'importance du décès brutal de son père en 1942, en pleine occupation allemande, à la suite de l'explosion d'une mine remontée dans son chalutier. Un épisode qui va forger la personnalité de celui qui n'a alors que 14 ans, mais aussi son destin, puisqu'il renonce dès lors à la carrière d'officier de la marine dont son défunt père rêvait pour lui. Rebelle, hâbleur, c'est à Paris que l'adolescent passe son bac, décroche son diplôme d'avocat et fricote avec la jeunesse d'extrême droite locale. *« Je suis un Breton de Paris, en fin de compte, je me suis assez vite expatrié »*, reconnaissait en 2015 l'intéressé sur le site d'extrême droite Breizh-Info. Avant de rappeler que dans ses jeunes années, *« l'autonomisme breton n'avait qu'une influence relative. Son aspect folklorique était sympathique, mais son aspect politique avait été un petit peu compromis pendant l'Occupation »*.

Et s'il en avait été autrement ? Et si le destin national de Jean-Marie Le Pen avait longtemps été retardé par sa prospérité régionale ? Que serait-il advenu de la « dynastie Le Pen » si celui que l'on surnomme « le Menhir » avait suivi l'exemple de son père, et de son grand-père avant lui, pour devenir marin pêcheur ?

Ce qui aurait pu se passer

ENTRETIEN AVEC AMANDINE LE GARREC, paru dans *Le Courrier bruxellois*. À 76 ans, la journaliste à la retraite, ancienne correspondante en France pour plusieurs journaux francophones publie une biographie de Jean-Marie Le Pen intitulée *West Side Story*.

LE COURRIER BRUXELLOIS : On a tendance à l'oublier, mais avant d'être un entrepreneur à succès, Jean-Marie Le Pen a tenté d'être un élu de la République. Quel impact cette expérience politique a-t-elle eu sur son parcours ?

A.L.G : 3,8 % aux législatives de 1956, sur une liste poujadiste, c'est un échec. Et pour lui, un traumatisme. Une humiliation dont il ne s'est jamais vraiment remis et qui justifie en partie la discrétion de son combat politique par la suite. À l'époque, Le Pen a 27 ans, et il tombe sous le charme de Pierre Poujade, populiste avant l'heure, porte-voix des artisans et des commerçants, qui *« ose dire tout haut ce que les Français pensent tout bas »*. Ce coup de foudre s'explique facilement. Jean-Marie Le Pen a hérité de son père un certain sens du mérite. *« Je ne dois rien à personne »*, répétait-il souvent. Il faut bien avoir en tête qu'avant la guerre, les Le Pen ne roulent pas sur l'or, vivant à La Trinité-sur-Mer dans une longère sans électricité et au sol en terre battue… Mais ce sont des gens fiers, avec un sens de l'accomplissement par le travail poussé à l'extrême.

Jean, le père, ne souhaite d'ailleurs pas que son fils suive sa trace. Il imagine pour lui un destin d'officier de marine…

A.L.G : Absolument. Marie, la mère, vient d'une famille de paysans de Kerdaniel, dans les terres, et elle transmet à son fils sa foi et ses valeurs catholiques. C'est une bigote. Jean, lui, est un homme instruit. Il envoie son fils chez les jésuites, mais la mayonnaise ne prend pas. La rigueur de l'enseignement se révèle vite incompatible avec la personnalité rebelle de Jean-Marie. À 14 ans, le fils unique est aussi traumatisé par l'« accident de guerre » de son père, qui échappe miraculeusement à l'explosion d'une mine. Cet épisode l'éloigne définitivement d'une carrière militaire et l'arrime un peu plus à sa terre bretonne : pendant les six mois de convalescence de son père, c'est lui qui prend la mer à l'aube et fait plusieurs criées par jour pour nourrir la famille. Il ne remettra jamais les pieds à l'école. C'est d'ailleurs ce qui lui manque en 1956 : de l'instruction et un peu de charisme. Jean-Marie est tout sauf un tribun. C'est un type taiseux, secret, solitaire, qui comprend vite qu'il n'est pas fait pour la lumière.

L'aventure Penn Kalet débute dans la foulée de cet échec politique, comme s'il avait voulu l'effacer au plus vite…

A.L.G : Quand Jean-Marie s'engage aux côtés de Poujade, l'ascension sociale et économique de la famille Le Pen est déjà bien amorcée. Ils ont ouvert plusieurs poissonneries dans le golfe du Morbihan, et même un restaurant à Quiberon. Ils investissent, effectuent des travaux, créent de l'activité… Résultat, ils paient beaucoup d'impôts, et ils détestent ça ! D'où l'engagement politique du fils, qui tourne court. Mais effectivement, dès janvier 1957, les produits de la mer estampillés « Penn Kalet » débarquent dans les supermarchés de la région, avec un menhir en guise de logo. En

1942

Jean Le Pen survit à l'explosion d'une mine remontée dans ses filets. Durant sa convalescence, son fils de 14 ans apprend le métier de marin pêcheur sur le tas. Il y prend goût, au point de ne jamais reprendre ses études, au grand dam de son père.

1956

La famille Le Pen prospère depuis l'ouverture de plusieurs poissonneries et restaurants dans tout le Morbihan. Séduit par le discours de Pierre Poujade, porte-voix des commerçants, Jean-Marie Le Pen se présente aux élections législatives sur sa liste mais ne recueille que 3,8 % des voix. Il renonce à toute ambition politique.

1963

Avec Léon Gaultier, son *« seul ami au-delà de la Bretagne »*, Jean-Marie Le Pen crée La Serpe d'or (clin d'œil au titre d'un album de la bande dessinée *Astérix*), une maison d'édition discographique qui produit des albums de chants de marins et folkloriques bretons.

1972

Jean-Marie Le Pen fonde le Front national. Le parti rassemble des membres de groupuscules néonazis et des nostalgiques de l'Algérie française, où Le Pen a servi en 1956. À ses côtés, François Duprat, antisémite et négationniste notoire, défenseur d'une conception biologique de la nation.

1976

Le cimentier Hubert Lambert, proche du Front national, fait de Jean-Marie Le Pen son exécuteur testamentaire. Le dirigeant du FN se retrouve ainsi à la tête d'une fortune de 20 millions d'euros et propriétaire d'un hôtel particulier à Saint-Cloud. Un héritage controversé, contesté par les enfants du cimentier, qui va permettre au Front national de sortir de la clandestinité.

1998

Après avoir œuvré à structurer et développer le parti, vainqueur à Toulon, Marignane et Orange lors des municipales de 1995, Bruno Mégret et plusieurs de ses fidèles sont exclus du Front national. *« Je sors mon épée et je tue Brutus avant qu'il ne me tue »*, déclare Jean-Marie Le Pen.

breton, ça signifie « tête dure ». *« Je suis breton avant d'être français, trinitain avant d'être breton, marin pêcheur comme mon père et mon grand-père, et comme eux, j'ai la tête dure comme du granit ! »* dira un jour Jean-Marie Le Pen. Bientôt, l'enseigne ouvre des boutiques jusque dans les Côtes-d'Armor et en Loire-Atlantique. Thon, sardines, maquereaux… Ils font de la poissonnerie en conserve une véritable planche à billets.

À l'époque, Ouest-France parle de l'*« empire commercial »* de la famille Le Pen.

A.L.G : C'est à peine exagéré. Penn Kalet absorbe tous ses concurrents, notamment La Belle-Iloise, puis la biscuiterie traditionnelle La Trinitaine. Une vraie bascule s'opère quand la famille met la main sur les supermarchés de la coopérative U, en 1962. Le maillage du territoire breton, alors, est total. Mais Jean-Marie Le Pen reste un entrepreneur discret. Il boude les médias et creuse son sillon en silence. Et pour cause…

Que voulez-vous dire ?

A.L.G : À ce moment-là, il a déjà embrassé la cause de l'indépendance bretonne. Il n'en peut plus de l'État jacobin. C'est un notable, un potentat, qui a les mains libres et les poches suffisamment remplies pour investir à sa guise. Dès lors, sa région devient son laboratoire. Ce n'est qu'en 1972 qu'il crée le Front pour l'indépendance de la Bretagne (FIB), mais dès le milieu des années 1960, Le Pen soutient des activistes bretons. Rien de violent (il a toujours détesté ça, et il n'est pas question d'attirer les journalistes et la police) : il rachète des terres pour permettre à des artisans bretons, plutôt qu'à des « étrangers », de développer leur activité. Il finance en fonds propres plusieurs festivals de musique celtique. Plus tard, à la fin des années 1970, il trouve aussi de l'argent pour ouvrir des écoles Diwan en langue bretonne… En fait, il entre en résistance, discrètement mais sûrement, contre la France.

En 1972, son ami Léon Gaultier, un ancien Waffen-SS avec qui il avait fondé neuf ans plus tôt une société d'édition phonographique, participe au lancement du Rassemblement tricolore… Quels étaient les liens exacts entre Jean-Marie Le Pen et l'extrême droite française ?

A.L.G : Le Pen présentera un jour Gaultier comme son *« seul ami au-delà de la Bretagne »*. Et l'on sait que Bruno Mégret, en quête de sous pour son petit parti encore naissant, est venu jusqu'à La Trinité pour tenter de convaincre l'entrepreneur de le financer. Mais le Rassemblement tricolore, à l'époque, c'est un assemblage hétéroclite d'anciens collaborationnistes, de nostalgiques de l'Algérie française et de jeunes illuminés qui font le coup de poing avec « les rouges ». Or, Le Pen se méfie de ceux qu'il appelle *« les obsédés du drapeau »*. Il comprend leur engagement, il est plus ou moins aligné sur le fond, mais la France n'est pas son combat, il la considère presque comme un pays voisin mais étranger. De son côté, il fricote avec des hurluberlus qui cherchent à définir une *« conception biologique de la bretonnitude »*, comme Erwann de Kermadec, alias « le Barde ». En gros, c'est l'idée qu'il faut être breton depuis au moins cinq générations pour avoir le droit de revendiquer cette identité... Entre deux parties de pêche avec les frères Kersauzon et son ami d'enfance Alain Barrière à bord de son bateau, le *Général Cambronne*, il passe des soirées entières à tenter de reconstituer son arbre généalogique pour vérifier qu'il est bien un *« Breton de souche »*. Cette obsession pour ses racines le rapproche, en quelque sorte, de l'extrême droite nationaliste. D'autant qu'à ce moment-là, la cause autonomiste et indépendantiste bretonne est essentiellement portée par des mouvements marqués à gauche, voire à l'extrême gauche. Front socialiste autogestionnaire breton, Union démocratique bretonne, Sav Breizh... Ce sont eux qui mènent la danse. Or, Jean-Marie Le Pen, ne l'oublions pas, déteste le communisme et tout ce qui s'y apparente de près ou de loin.

En 1972, il crée donc le FIB.

A.L.G : Il apporte les fonds, les idées, les contacts, mais il avance toujours masqué : personne ne sait alors que c'est lui qui tire les ficelles. Il efface tellement bien ses traces que les médias vont se demander un temps si le principal argentier du FIB n'est pas Vincent Bolloré, l'autre entrepreneur breton *successful* de l'époque.

Les deux hommes se haïssent. Comment expliquer cette haine ?

A.L.G : Le Pen l'a dans le pif, il décrit Bolloré comme un *« Breton de papier »* et un *« colon nouvelle génération »*. Un type qui met en scène son amour de la région, mais qui vit à Paris et travaille en Afrique. Tout ce qu'il déteste. À l'évidence, en matière de personnalité et de vision économique, les deux hommes sont très différents. Tout les oppose, à part leur ascendance bretonne et leur art consommé de la discrétion. Et aussi, bien sûr, leur foi catholique.

C'est d'ailleurs ce dernier ressort que sa petite-fille Marion Maréchal activera pour tenter en 2013 de convaincre son grand-père de s'unir à Bolloré pour mener une *« contre-révolution culturelle »*...

A.L.G : Oui, mais impossible de saisir le sens de cette démarche sans revenir au préalable sur la rupture brutale entre Marine et son père. Au grand dam de ce dernier, Marine n'a que faire de l'empire familial. Contrairement à ses aînés Marie-Caroline et Yann, qui vont reprendre le flambeau, c'est une rebelle. Comme son paternel, me direz-vous. Sauf que ses délires autour de la « bretonnitude », elle n'en a que faire. Alors, à 30 ans, elle coupe les ponts. Ou plus exactement, son père lui coupe les vivres...

1972

Jean-Marie Le Pen investit une partie de sa fortune dans la constitution du Front pour l'indépendance de la Bretagne (FIB). Un parti dont le programme repose sur des fondements identitaires. Au même moment, à Paris, le technocrate d'extrême droite Bruno Mégret forme le Rassemblement tricolore, que Le Pen refuse de soutenir financièrement.

1976

Devenu un géant de la grande distribution depuis le rachat de la coopérative de magasins U, Jean-Marie Le Pen intègre le top 10 des plus grandes fortunes de France. Il devient le discret mécène de la culture et de la cause bretonnes (ouverture d'écoles Diwan, financement de festivals, règlement des frais d'avocat pour des activistes indépendantistes, etc.).

1998

Reniée par son père, dont elle ne partage pas l'obsession pour la cause bretonne, Marine Le Pen entre dans les rangs du Rassemblement tricolore, où elle gravit les échelons à toute vitesse. Bruno Mégret en fait l'étendard de sa stratégie de conquête du pouvoir.

2002

Pour la première fois de son histoire, le FN se qualifie pour le second tour de l'élection présidentielle. *« N'ayez pas peur, entrez dans l'espérance ! »* lance Jean-Marie Le Pen aux Français. Mais la mobilisation du « front républicain » permet à Jacques Chirac d'être réélu avec plus de 82 % des suffrages.

2013

Le gouvernement socialiste de Jean-Marc Ayrault doit faire face à la contestation des Bonnets rouges, symbole choisi en référence à la résistance bretonne contre la levée de nouveaux impôts au XVIIIe siècle. Les manifestants s'opposent notamment à l'entrée en vigueur de la taxe poids lourds.

2015

Lassée par ses dérapages à répétition (hommage au maréchal Pétain, inquiétudes pour le *« monde blanc »*) et ses critiques sur sa stratégie de dédiabolisation, Marine Le Pen, à la tête du parti depuis 2011, exclut son père du Front national.

C'est la *« grande scission »* de 1998, qu'elle mettra largement en scène quatre ans plus tard, durant la campagne présidentielle. Jean-Marie Le Pen en a marre de la *« diabolisation »* par sa fille de l'empire qu'il a construit et qu'elle ne cesse de dénigrer. Marine s'installe donc à Paris, où elle a décroché cinq ans plus tôt son diplôme de droit. Elle fait jouer son réseau, et un de ses vieux potes d'Assas lui présente Bruno Mégret, le patron du Rassemblement tricolore, trop content de cette « prise de guerre ». Imaginez : la fille du « Trinitain » qui l'avait éconduit trente ans auparavant en personne, et qu'il a toujours considéré comme un *« patron sans patrie »* !

Son ascension politique est fulgurante. Comment fait-elle pour gravir les échelons au point de qualifier le parti d'extrême droite au second tour de la présidentielle en 2002, à seulement 34 ans ?

A.L.G : Bruno Mégret est malin. Sur les trois élections présidentielles auxquelles il a participé, il a constamment échoué, passant de 2 % des suffrages en 1981 à 9,7 % en 1995. Alors, après ce dernier échec, il change de stratégie. Je le disais plus tôt, le Rassemblement tricolore a été fondé par des « racialistes », antisémites, négationnistes, empreints d'une culture politique, disons, groupusculaire. Personne ne gagne une élection avec un tel pedigree. Avec Marine Le Pen, il a la possibilité de raconter une histoire aux Français : celle d'une fille de France, fervente catholique, mariée, trois enfants, qui quitte sa Bretagne natale et dit « merde » à son capitaliste de père pour se forger un destin national. Avec ce récit, Mégret comprend qu'il peut prendre des parts de marché à droite, évidemment, mais aussi à gauche, où l'on critique depuis des années l'appétit insatiable de l'ogre Le Pen. Alors, il s'efface et devient l'éminence grise de la candidate.

Une candidate balayée au second tour par Lionel Jospin, qui rassemble plus de 82 % des voix… Comment se remettre d'une telle raclée ?

A.L.G : C'est ce que les politistes ont appelé le « paradoxe Marine » : son acte de naissance politique est une défaite cuisante. Elle a mené l'extrême droite aux portes de l'Élysée, mais celles-ci semblent fermées à double tour. Difficile de rebondir après ça, d'autant plus quand votre père jubile devant votre échec… D'ailleurs, rares sont ceux, même parmi ses fidèles, qui imaginaient qu'après ça, Marine allait rester à la tête du Rassemblement tricolore… Pourtant, elle tient, contre vents et marées. Mégret ne la lâche pas.

Sauf que, comme son mentor, elle échoue de nouveau…

Elle échoue, mais le Rassemblement tricolore devient incontournable. Il ne se qualifie plus au second tour de la présidentielle, ni en 2007 ni en 2012, mais progresse à toutes les autres élections, notamment aux européennes. Son groupe parlementaire s'étoffe. Et surtout, ses idées font leur chemin. En 2002, la gauche triomphe. Elle ne le sait pas encore, mais elle va demeurer au pouvoir pendant quinze ans. C'est énorme ! Après la réélection de Jospin en 2007, la droite est lessivée. Elle n'a plus de programme, elle perd des adhérents, et c'est le Rassemblement tricolore qui en profite.

En 2012, Marine Le Pen jette l'éponge. C'est sa nièce Marion Maréchal qui prend le relais en organisant une rencontre secrète entre son grand-père et Vincent Bolloré.

A.L.G : Jean-Marie Le Pen a alors 84 ans. C'est un vieil homme qui, à l'heure de faire le bilan, ne peut que constater l'échec de sa stratégie politique. La cause bretonne ne mobilise plus grand monde, même dans les cercles identitaires régionalistes. Surtout, il n'en peut plus de la gauche au pouvoir. La couverture maladie universelle, les trente-cinq heures, la laïcité, le mariage gay, la transition écologique… Tout ça l'emmerde au plus haut point. Ainsi, quand Marion Maréchal débarque à La Trinité, avec Vincent Bolloré dans ses bagages, il l'écoute. Ce dernier aussi a longtemps caché son véritable agenda. Mais faire des affaires en Afrique ne lui suffit plus. Il veut que la France retourne à ses racines catholiques. Alors, il commence à se constituer un empire médiatique : il rachète Canal+ et devient le bienfaiteur de plusieurs médias d'extrême droite à l'audience plus confidentielle.

Et le 18 juin 2013, les deux hommes lancent leur « appel de Pontivy pour une France éternelle »…

A.L.G : *« La France éternelle »*, Jean-Marie Le Pen, ça lui en touche une sans faire bouger l'autre. S'il accepte cette alliance avec le Rassemblement tricolore, c'est uniquement parce que figure explicitement dans leur accord un *« plan de sortie de l'UE et de construction d'une fédération régionale européenne »*, où la Bretagne pourrait trouver toute sa place. Mais devant les journalistes, il joue le jeu. Main dans la main avec Vincent Bolloré, bonnet rouge sur la tête, les deux hommes lancent d'une même voix : *« N'ayez pas peur, chers compatriotes ! Entrez dans l'espérance ! »*

Est-ce que ça marche ? Leur appel est-il entendu ?

A.L.G : Oui, du moins auprès des militants d'extrême droite de différentes obédiences. Personne, alors, ne peut imaginer que la France va subir des blocages et des saccages durant près de deux ans. Des troubles qui vont culminer dans la grande jacquerie d'août 2015, qui fait douze blessés graves et aboutit à l'arrestation de trente-huit personnes devant le palais de l'Élysée. C'était une tentative de coup d'État, rien de moins ! Le Pen est poursuivi pour troubles à l'ordre public. Quand la police vient chez lui, à La Trinité-sur-Mer, il s'est lui-même menotté au portail bleu de sa longère familiale et chante l'hymne breton à tue-tête. Le milliardaire, qui toute sa vie avait avancé ses pions dans l'ombre, finit embarqué de force, sous l'œil des caméras. •

2002
À seulement 34 ans, Marine Le Pen accède au second tour de l'élection présidentielle. Mais quinze jours plus tard, c'est la douche froide : le Rassemblement tricolore est balayé par Lionel Jospin, élu par les Français avec plus de 82 % des suffrages. La gauche va rester au pouvoir pendant quinze ans.

2013
Main dans la main, Vincent Bolloré et Jean-Marie Le Pen lancent l'*« appel de Pontivy pour une France éternelle »*. C'est Marion Maréchal, la petite-fille du second, qui a convaincu l'entrepreneur breton de se rabibocher avec ce rival pourtant honni, pour mener *« une contre-révolution culturelle »* dans *« un pays moralement à la dérive »*.

2015
Plusieurs milliers de Bonnets rouges quittent Rennes pour « marcher » sur Paris. Parmi eux, essentiellement des militants d'extrême droite, dont un certain nombre d'activistes de la cause bretonne. Manifestations, blocages, dégradations de péages… La parade vire à la jacquerie, jusqu'au palais de l'Élysée, où elle est violemment réprimée par la police.

Luigi Russolo, Carlo Carrà, Filippo Tommaso Marinetti, Umberto Boccioni et Gino Severini devant les locaux du Figaro, à Paris, le 9 février 1912.

1909, « Manifeste du futurisme »

Le futur a une histoire. Son histoire. Écrite par des esprits audacieux aux idées parfois farfelues, capables de concevoir des objets extravagants et des univers déroutants. Cette histoire, il convient de la connaître pour inventer l'avenir sans répéter les erreurs du passé. C'est l'intention de cette nouvelle rubrique, dans laquelle *Usbek & Rica* se téléporte dans le temps pour retracer la saga d'une personnalité, d'un mouvement ou d'une invention qui, à sa manière, a façonné notre perception du futur. On commence avec le futurisme italien, dont le poète Filippo Tommaso Marinetti publie le manifeste à la une du *Figaro* le 20 février 1909.

Texte
Blaise Mao

FUTURISME RIME AVEC FASCISME, Marinetti avec Mussolini. Indiscutable sur le plan phonétique, cette assertion apparaît pourtant comme un sacré raccourci lorsque l'on se penche sur l'histoire de l'Italie au début du XXe siècle. En particulier quand on s'attarde sur la genèse et le contenu du « Manifeste du futurisme » paru en une du *Figaro* le 20 février 1909. Pierre angulaire d'un mouvement qui a incarné le premier la notion d'avant-garde – et qui continue à ce titre d'être étudié dans les écoles d'art –, le texte est brutal. *« Ce qui est essentiel dans un manifeste, c'est l'accusation précise, l'insulte bien définie.* [...] *Il faut donc de la violence et de la précision ; le tout très courageusement »*, écrira son auteur. Alors Marinetti frappe fort. Porteur d'une vision du progrès fondée sur le culte de la machine et l'éloge de la guerre, totalisant et subversif, son futurisme résonne étrangement cent quinze ans plus tard.

Seul face à la mort

« Il n'y aurait pas eu de futurisme sans Marinetti », assure l'historien et diplomate Maurizio Serra. Incontestablement, les idées avancées par le poète dans son manifeste fondateur découlent directement de son parcours de vie atypique. Né et élevé à Alexandrie, où son père avocat a fait fortune, bilingue français grâce à son éducation jésuite, installé à Milan après plusieurs passages à Paris, il perd son frère lorsqu'il a 21 ans, puis ses parents coup sur coup. Une proximité avec la mort qui donne à son œuvre de jeune poète symboliste des accents existentiels. *« À la veille de rédiger le manifeste, Marinetti est un homme seul,* rappelle Tatiana Cescutti, docteure en littérature italienne. *Son machinisme, son obsession pour la vitesse, c'est une façon d'exorciser la mort, d'abolir le déterminisme du passé. Le futurisme, c'est avant tout le besoin d'une rupture totale, d'une nouvelle naissance, d'une nouvelle vie. »*

Tout chez Marinetti est grandiloquent. Ses obsessions, d'abord, pour le temps et l'espace qu'il entend abroger. Son ambition, ensuite : affranchir l'homme *« de l'idée de la mort, et partant de la mort elle-même »*. Sa langue, enfin. Dans le prologue de son manifeste, il se présente ainsi comme une *« sentinelle avancée »* prête à *« délivrer l'Italie de sa gangrène de professeurs, d'archéologues, de cicérones et d'antiquaires »*. Une plume exaltée qui épouse parfaitement la radicalité du propos : *« Marinetti s'approprie le langage des symbolistes, des anarchistes, de la littérature fantastique, et grâce à cette capacité d'assimilation, il se façonne une personnalité hétérogène extraordinaire »*, précise Barbara Meazzi, professeure de littérature et civilisation italiennes à l'université Côte d'Azur, qui souligne l'influence sur le poète de deux grandes figures littéraires, Victor Hugo et surtout H.G. Wells. Une fascination jamais assumée au grand jour.

Éloge de la guerre

Marinetti partage avec l'auteur de *La Guerre des mondes* une même soif d'émancipation. Il fricote avec les figures libertaires et anarchistes de son temps, comme le critique d'art Félix Fénéon, aux côtés duquel il organise en 1912, à Paris, la première grande exposition d'art futuriste. L'air du temps est révolutionnaire, et l'Italien l'a bien senti : *« Il n'y a plus de beauté que dans la lutte. Pas de chef-d'œuvre sans un caractère agressif. La poésie doit être un assaut violent contre les forces inconnues, pour les sommer de se coucher devant l'homme »*, écrit le poète en appelant de ses vœux une littérature fondée sur *« la gifle et le coup de poing »* pour mieux en finir avec *« l'immobilité pensive, l'extase et le sommeil »*.

« L'homme du futur est celui qui tient le volant », affirme Marinetti, dont le machinisme culmine dans une fascination pour la guerre *(voir extrait ci-contre)*, perçue comme une *« sorte de futurisme intégralement réalisé* [...], *œuvre d'art totale enfin réellement vécue sur un plan existentiel »*, décrypte l'historien de l'art Giovanni Lista. Une réalité que l'artiste a durement éprouvée : engagé dans l'armée coloniale italienne en 1912, il combat à nouveau pendant la Première Guerre mondiale, avant de rejoindre en 1942 – à 64 ans ! – la campagne de Russie.

En incitant à brûler les bibliothèques, à inonder les musées et à cesser de se prosterner devant la *Victoire de Samothrace*, moins belle qu'une *« automobile rugissante »*, Marinetti agrège autour de lui de jeunes artistes séduits par sa radicalité. À défaut de partager les convictions politiques de leur mentor, Carlo Carrà, Umberto Boccioni, Gino Severini et Luigi Russolo offriront au futurisme de puissantes incarnations,

« Nous voulons glorifier la guerre – seule hygiène du monde –, le militarisme, le patriotisme, le geste destructeur des anarchistes, les belles idées qui tuent, et le mépris de la femme. »

Neuvième des onze points
du **« Manifeste du futurisme »**
de Filippo Tommaso Marinetti, 1909

reproduisant dans leurs œuvres le mouvement, la vitesse, la sensation. Le poète devient leur impresario, dépensant la fortune dont il a hérité pour organiser des expositions et monter des « soirées futuristes » où des artistes-performeurs haranguent le public. *« Marinetti crée l'événement autour de son mouvement, de son idéologie, utilisant parfaitement l'art du manifeste et de la réclame »*, constate Tatiana Cescutti. Dans la foulée du premier, d'autres manifestes déclinent l'idéologie futuriste sur tous les sujets : la peinture (1910), la sculpture et la femme (1912), le théâtre (1919), le tactilisme (1921), l'aéropeinture (1929) et même la cuisine (1930), un texte dans lequel Marinetti s'attaque aux emblématiques pâtes italiennes au nom de l'hygiénisme.

L'ombre fasciste

Pétri de culture française, longtemps proche d'Apollinaire, Marinetti lutte pour que l'Italie incarne l'avant-garde autant que sa rivale transalpine. Dans son esprit, le futurisme a vocation à devenir l'art officiel de son pays. D'où son soutien au fascisme, Marinetti évitant soigneusement de se brouiller avec Mussolini. Lui, l'ennemi déclaré du clergé, du moralisme, de la bourgeoisie et de toute forme de hiérarchie, va ainsi composer avec un régime autoritaire qui prend rapidement des accents conservateurs pour asseoir son pouvoir. Au point d'accepter en 1929 un siège à l'Académie royale d'Italie, placard doré (mais rémunéré). *« Dans les années 1920, il n'est plus perçu comme un rebelle. Il se fâche avec les meilleurs artistes et finit par enrôler de simples suivistes à qui il décerne des brevets de futurisme »*, estime Maurizio Serra. Marinetti ne cautionnera pas le tournant philonazi du pouvoir mussolinien, notamment ses campagnes visant l'art dégénéré – auxquelles son futurisme n'échappe pas –, mais c'est sous les drapeaux noirs de la République de Salò qu'il s'éteint en 1944, et le futurisme avec lui.

Train blindé en action, 1915, Gino Severini. MoMa, New York

Si les surréalistes, les dadaïstes ou les architectes brutalistes lui doivent beaucoup, le spectre du fascisme va longtemps priver le mouvement de toute reconnaissance institutionnelle. Il faut attendre les années 1990 pour que Marinetti et ses acolytes sortent de l'ombre. Une légitimation tardive qui ne gomme pas sa portée politique embarrassante. *« L'actuel gouvernement italien est trop heureux de trouver dans le futurisme des figures qui servent d'alternative à une expression artistique considérée comme "de gauche" »*, constate Barbara Meazzi.

Un siècle trop tôt

Pourtant, c'est moins Giorgia Meloni que la branche la plus extrême du transhumanisme que Marinetti inspire. Dans *Mafarka le futuriste* (1910), le poète raconte l'histoire d'un roi nord-africain qui engendre, sans recours à une femme, un fils mécanique, ailé, icarien en diable. Une allégorie de l'immortalité qui résonne avec les obsessions transhumanistes contemporaines. Dans son « Manifeste techno-optimiste », mis en ligne en 2023, le milliardaire américain Marc Andreessen, à la tête d'un fonds de capital-risque, canonise sans détour Marinetti, aux côtés de l'universitaire néoréactionnaire Nick Land, père d'un « accélérationnisme » aux accents fascistes. En faisant des deux hommes les *« saints patrons »* de son *« techno-optimisme »*, Andreessen souligne, sans le vouloir, l'héritage controversé du futurisme.

D'ailleurs, qu'aurait pensé Marinetti de notre époque peuplée de cœurs artificiels, d'IA autonomes et de navettes spatiales privées ? *« Il aurait détesté la culture woke et les interdits qui vont avec, mais il aurait été fasciné par l'accélération technologique et le dépassement du genre,* tranche Maurizio Serra. *Avec sa modestie habituelle, il aurait considéré le XXI*e *siècle comme le grand siècle futuriste. »* •

Invités d'Usbek & Rica,

ils ouvrent nos imaginaires.

Dans la tête de
Jean-Philippe Jaworski
Écrivain de fantasy, professeur agrégé de lettres modernes

L'interview bonne ancêtre
Olivia Gazalé
Philosophe et essayiste

Curiositée bien placée
Jens-Christian Svenning
Écologue, directeur du Centre pour la dynamique écologique de la Fondation nationale danoise pour la recherche

Lettre persane
François-Henri Désérable
Écrivain et ancien joueur de hockey sur glace

Dans la tête de

Jean-Philippe Jaworski

Avec 550 000 exemplaires vendus, l'auteur de *Gagner la guerre* (Les Moutons électriques, 2009) est un poids lourd de la fantasy. Enseignant en lettres et rôliste, il revient sur les œuvres qui ont forgé son imaginaire.

1. *Le Seigneur des anneaux*, J.R.R. Tolkien (1954-1955)
« L'œuvre que j'ai le plus lue. Celle qui m'a accompagné dans les peines de cœur et les deuils, qui m'a orienté vers les littératures de l'imaginaire et m'a initié aux vertus du conte de fées. »

2. *Richard III*, Shakespeare (1591)
« Enfant, j'ai découvert la noirceur de l'âme humaine devant les pièces de Shakespeare filmées par la BBC. Depuis, j'admets profondément la dimension tragique de l'existence, ce qui fait de moi un auteur cruel. »

3. *La Reine Margot*, Patrice Chéreau (1994)
« Jeune, j'étais rebuté par la Renaissance, parce qu'elle marquait la fin du Moyen Âge et qu'elle était d'une grande violence. C'est ce film qui m'a fait passer de la répulsion à la fascination. »

3 →

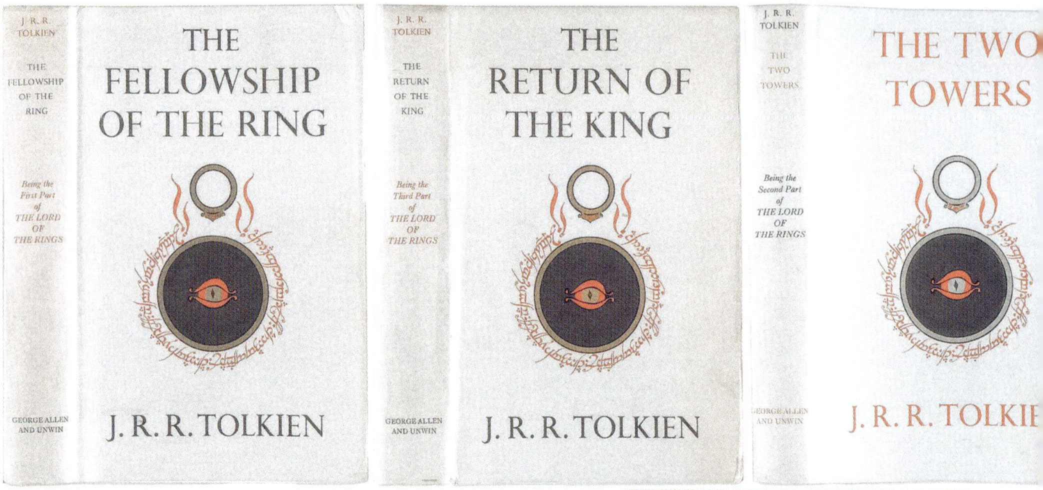

1 ↑

5 →

← 4

8 ↓

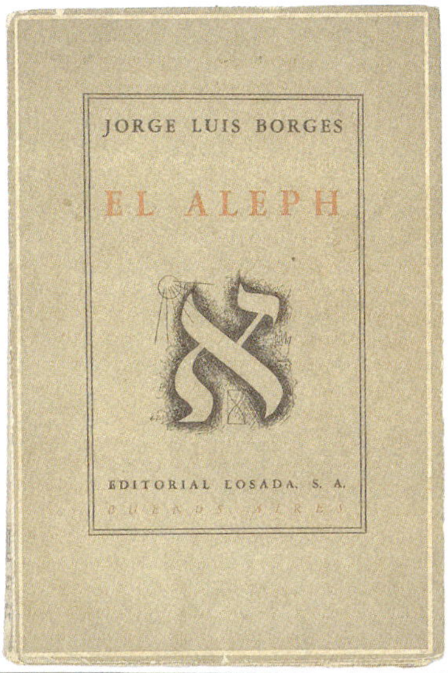

7 ↓

← 6

← 2

4. *Le Prince*, Machiavel (1532)
« Je l'ai relu juste avant d'écrire *Gagner la guerre*. Il y a chez Machiavel un cynisme et un humour que je voulais voler pour nourrir le roman. »

5. *Les Terres du couchant*, Julien Gracq (2014)
« Je lui envie certaines des pages de ce roman inachevé. Sa peinture du voyage, ses promesses d'aventure… Il y a des passages extraordinaires. »

6. *Thorgal*, Jean Van Hamme (1980-)
« Pour son imaginaire fantasy médiévaliste. Le Moyen Âge, c'est l'enfance de notre civilisation. Un lieu d'évasion qui a servi de cadre à ma pratique intensive du jeu de rôle. »

7. *Le Cycle de la culture*, Iain Banks (1987-2012)
« J'aime les œuvres pessimistes, mais j'ai trouvé un désir de futur, une forme d'émerveillement chez Banks, devant l'harmonie qui règne dans sa société idéale. »

8. « La Demeure d'Astérion », *L'Aleph*, Jorge Luis Borges (1947)
« Chez Borges, le vertige et l'effroi sont plus intellectuels que viscéraux. C'est un auteur qui peut écrire un chef-d'œuvre en une page. » ●

Olivia Gazalé
Philosophe et essayiste, Olivia Gazalé a enseigné à l'Institut d'études politiques de Paris. Elle est la cofondatrice des « Mardis de la philo », un cycle de conférences à destination du grand public pour mieux « comprendre le monde » grâce à la philosophie. Autrice de plusieurs essais remarqués sur l'amour (*Je t'aime à la philo*, Robert Laffont, 2012), la virilité (*Le Mythe de la virilité. Un piège pour les deux sexes*, Robert Laffont, 2017) ou encore le rire (*Le Paradoxe du rire. Et si ce n'était pas toujours drôle ?*, Seghers, 2024), elle se distingue par une approche transgénérationnelle et prospective de sa discipline. Autant d'atouts qui en font une « bonne ancêtre » idéale pour inaugurer cette nouvelle rubrique.

Olivia

« Darwin a permis à ***l'humanité*** de faire un immense bond en avant : en lui révélant ses origines animales, il l'a invitée à davantage de ***modestie***. »

« Un ou une bonne ancêtre, c'est quelqu'un qui transmet le souci de la ***pensée juste****, au double sens de* ***justesse*** *et de* ***justice****. Ce souci m'a animée toute ma vie, mais je l'ai trahi chaque fois que mon jugement a été partial, arbitraire et précipité, autrement dit antiphilosophique. »*

« La plus belle chose dont on puisse hériter, c'est le sens de ***l'humour***, car le rire est une ***arme de résistance*** – jouissive – contre la peur, la colère et le désespoir. »

« Il n'y a de véritable progrès qu'à condition que tous les êtres humains aient le même droit au respect de leur ***dignité****. Le futur désirable ne peut donc être que féministe, antiraciste, écologique, inclusif et pacifiste. »*

Gazalé

« La pire des barbaries est celle qui se présente sous les dehors de la ***respectabilité****. »*

Et si…

les humains disparaissaient du jour au lendemain ?

On a posé la question à
Jens-Christian Svenning

Écologue et directeur du Centre pour la dynamique écologique dans une nouvelle biosphère de la Fondation nationale danoise pour la recherche, Jens-Christian Svenning enseigne à l'université d'Aarhus, au Danemark. Spécialiste de la macro-écologie et de la biogéographie, il s'attache à comprendre les effets passés, présents et futurs des activités anthropiques sur les écosystèmes.

Propos recueillis par
Émilie Écharoux

Illustration
Jules Le Barazer

« LES PREMIERS INSTANTS suivant l'extinction de l'humanité entière seraient sans doute marqués par un silence de plomb et la suppression de la pollution lumineuse. En l'espace d'un an, les aérosols et les particules qui contaminent l'air se dissiperaient, éclaircissant le ciel chargé de mégalopoles comme Pékin. Cependant, il faudrait attendre des siècles, voire des millénaires, pour que les gaz à effet de serre d'origine anthropique s'évanouissent (près de 50 000 ans pour les halocarbures). Les effets en chaîne du réchauffement climatique, tels que l'acidification des océans, la hausse du niveau des mers ou les incendies, se poursuivraient donc encore longtemps.

Les espèces menacées d'extinction, quant à elles, mettraient des millions d'années à se rétablir complètement. Il a fallu douze millions d'années pour restaurer l'équilibre écologique après la disparition des dinosaures touchés par la météorite responsable de l'extinction du Crétacé-Paléogène.

En revanche, avec l'arrêt de nos activités, nos infrastructures tomberaient en déshérence et seraient rapidement colonisées par la faune et la flore. Les animaux domestiques et le bétail seraient sans doute les premiers à observer des changements significatifs. Après un temps d'errements – une cinquantaine d'années –, ils formeraient de nouveaux troupeaux. Certaines espèces en viendraient même à s'hybrider, comme l'ont fait, il y a des milliers de générations, les loups gris de Yellowstone (États-Unis) avec des chiens, héritant alors de leur pelage noir.

En l'espace de cinquante à cent ans, de nouveaux phénotypes apparaîtraient chez les animaux d'élevage échappés des fermes. En Ukraine, après la catastrophe de Tchernobyl en 1986, on a constaté que les vaches laitières, devenues sauvages, étaient plus costaudes. Sur un plus long terme, des mutations génétiques pourraient progressivement s'opérer. Mais il est difficile de faire des prédictions précises. Ce qui est plus sûr, c'est que les populations sauvages se répandront. D'ici à quelques milliers d'années, les éléphants venus d'Asie ou d'Afrique pourraient même débarquer sur le continent européen. »

Les derniers vestiges de l'humanité

Les Égyptiens nous ont légué leurs pyramides, les Grecs leurs temples majestueux, et les Mayas leurs observatoires astronomiques. Et nous, que laisserons-nous à la postérité? *« Dans cinquante millions d'années, les géologues trouveront sans doute de petits morceaux de plastique en prélevant des carottes glaciaires »*, suppute le naturaliste Bruno David, ancien président du Muséum national d'histoire naturelle. On retrouvera aussi très certainement des isotopes radioactifs comme le plutonium 239, dont la durée de vie est particulièrement longue. En effet, il faut attendre 24 000 ans pour que la moitié des atomes de plutonium s'évanouissent en se transformant en d'autres éléments. Nos monuments, eux, auront disparu depuis un long moment. *« Au bout de deux ou trois siècles, il ne demeurera plus rien des structures métalliques comme la tour Eiffel ou le pont de Brooklyn aux États-Unis. Notre-Dame de Paris restera debout six siècles tout au plus, et les pyramides survivront probablement un million d'années »*, détaille Bruno David.

L'émergence d'une nouvelle espèce dominante?

Doit-on s'attendre à ce que des fourmis mutantes prennent le contrôle de la Terre, comme dans le film de science-fiction *Phase IV* (1974)? Ou bien à ce que des primates asservissent le reste du vivant, dans un scénario digne de *La Planète des singes* (1963) de Pierre Boulle? Pour l'heure, il est bien difficile de prédire quelle espèce dominerait le monde en l'absence de l'homme. *« Scientifiquement, ce ne serait pas sérieux de faire de la fiction sur l'évolution future, tant les contingences sont nombreuses*, juge le naturaliste Bruno David. *On peut seulement être certain qu'aucune espèce disparue ne réémergera, que ce soient les trilobites, les dinosaures ou les dodos. »* De la même manière, il ne faut pas imaginer qu'une nouvelle espèce douée de raison nous remplacera. Il est *« probable qu'aucune autre espèce avec notre sorte d'intelligence n'apparaîtrait de nouveau*, assure le biologiste Cyrille Barrette dans un article paru dans la revue *Nuit blanche* en 2012. *Après tout, il n'en a émergé qu'une seule parmi les centaines de millions produites sur Terre, et ce, uniquement après plus de 3 500 millions d'années d'évolution »*.

Et si les humains n'avaient jamais existé?

La question n'est pas si farfelue. Il y a 900 000 ans, on serait même passé tout près de l'extinction. Au cours de la première moitié du Pléistocène, nos ancêtres ont vu leur population chuter de 98,7 %, passant de 100 000 à 1 280 individus reproducteurs. Ce phénomène, expliqué par l'arrivée d'une ère glaciaire particulièrement rude et longue, soulève une question: à quoi aurait ressemblé notre monde sans les humains? À en croire une équipe de chercheurs danois, la Terre – et surtout sa biodiversité – aurait été bien différente. Le paysage sous nos latitudes rappellerait celui du Serengeti, le grand parc national tanzanien, et serait peuplé de mammifères immenses, comme les lions des cavernes (*Panthera spelaea*), les glyptodons (sortes de tatous géants) et les paresseux terrestres, indiquent les chercheurs dans une étude parue en 2015 dans la revue *Diversity and Distributions*.

Trois horizons possibles

2110

Dans une interview publiée par *The Australian* en 2010, le scientifique australien Frank Fenner, connu pour son rôle dans l'éradication de la variole, avance que l'humanité pourrait s'éteindre en moins d'un siècle, en raison de la surpopulation et du changement climatique. Un scénario qui n'aurait que 6 % de chance de se produire selon l'Institut américain de recherche sur les prévisions. En partie réfutée par les projections démographiques, qui prévoient une baisse de la population mondiale à partir de 2080, cette prédiction sert avant tout d'alerte face à l'emballement du dérèglement climatique.

2880

Une météorite pourrait-elle précipiter la fin de l'humanité, comme elle a entraîné l'extinction des dinosaures il y a 66 millions d'années? D'après la NASA, l'astéroïde baptisé « 1950 DA » pourrait frapper la Terre en 2880, occasionnant des dégâts colossaux. Mais la probabilité qu'un tel événement survienne est d'à peine… 0,33 %.

250 millions d'années

Dans une étude parue en septembre 2023 dans la revue *Nature Geoscience*, des chercheurs estiment que les cinq continents devraient se regrouper pour ne plus former qu'un supercontinent d'ici à 250 millions d'années. Cette configuration pourrait entraîner une augmentation importante des niveaux de dioxyde de carbone dans l'atmosphère, engendrant une élévation significative des températures. Combiné à une forte humidité, ce climat rendrait environ 92 % des terres émergées inhabitables pour l'homme. ●

François-Henri Désérable s'est lancé dans l'écriture de fiction à 18 ans, en parallèle de sa carrière de joueur de hockey sur glace professionnel. En novembre 2022, il passe quarante jours en Iran, sous tension après la mort de l'étudiante Mahsa Amini, qui s'était opposée au port du hijab. De cette traversée en terre perse, il tire un livre saisissant, *L'Usure d'un monde* (Gallimard), paru en mai 2023 (sorti en poche le 5 septembre dernier) et récompensé du prix littéraire Montaigne. Auparavant, l'écrivain a publié plusieurs romans, parmi lesquels *Évariste* (2015) et *Mon maître et mon vainqueur* (2021). En 2023, il a cosigné le scénario du film *L'Enchanteur*, avec Charles Berling dans le rôle de Romain Gary. C'est justement à l'auteur des *Racines du ciel*, considéré à l'époque comme le « premier roman écologiste », que François-Henri Désérable a choisi de s'adresser lorsque *Usbek & Rica* l'a sollicité pour rédiger une lettre persane.

De FRANÇOIS-HENRI DÉSÉRABLE à ROMAIN GARY

Mon cher Romain,

Déjà, à l'époque, tu te plaignais de ce que les gens n'avaient pas compris le message. Tu venais de faire paraître *Les Racines du ciel*, un gros roman dont le personnage principal prônait la lutte armée pour sauver les éléphants d'Afrique – dans les années 1950, on en massacrait soixante-dix mille chaque année. Le gros roman t'avait valu le Goncourt, distinction suprême des lettres françaises, synonyme de gros tirages et de gloire instantanée. Te souviens-tu de ce cadeau que t'avait fait une de tes innombrables admiratrices ? Comment l'oublier ? Une statuette en ivoire ! Pour te féliciter d'avoir pris la défense des éléphants, on n'avait rien trouvé de mieux que de t'offrir une statuette en ivoire !

Les Racines du ciel, avais-tu dit aux journalistes, était le premier roman écologiste. Écolo-quoi ? t'avait-on demandé. Personne ou quasiment personne ne connaissait le mot. En ce temps-là, vous étiez 2,7 milliards d'individus sur Terre. Soixante-dix ans ont passé, et nous sommes un peu plus de 8 milliards. Et parmi ces 8 milliards d'hommes et de femmes qui peuplent la Terre, il n'y en a pas un, pas une pour ignorer le mot « écologie ». Alors, me diras-tu, c'est que tout va beaucoup mieux ? Eh bien non. Parce qu'on mange de la viande, que la viande vient des vaches et que les vaches pètent, rotent et rejettent dans l'atmosphère du méthane ; parce qu'on prend l'avion pour un oui ou pour un non, et que l'avion rejette du dioxyde de carbone ; parce qu'on abat les forêts pour en faire des terres agricoles ; parce que le pétrole, le charbon et le gaz ; parce que les voitures ; parce que les mille avanies du même acabit qu'on lui fait subir, la Terre se réchauffe. Le climat se dérègle, chaque année nous donne son lot de canicules, de feux de forêt, de cyclones et d'épidémies, et nos gouvernants ne font rien. Ou si peu. Ah si, tout de même : on a banni les pailles en plastique et certaines villes favorisent les mobilités douces, ce qui veut dire que les automobilistes gueulent sur les cyclistes qui gueulent sur les piétons. Bref, on aurait bien besoin que tu reviennes pour pousser un coup de gueule.

Je t'embrasse,

FH D.

PS : Si tu croises Sartre et Camus là où tu es, salue-les de ma part !

Ours

L'équipe d'Usbek & Rica

Présidente et directrice de publication
Valérie Salomon

Fondateur et directeur général
Jérôme Ruskin

Rédacteur en chef
Blaise Mao

Cofondateur et journaliste
Thierry Keller

Chief marketing officer
Matthieu Vergote

Directrice de production
Florie Debailleux

Directeur commercial
Romain Bourcier

Chief of staff
Zoé Ducournau

Studio
Alice Carnec, Maud Cloix, Ninon Douhard, François Fluhr, Thomas Fouan, Sarah Jacob, Adeline Murier, Julien Mussat, Cassandra Paléologue, Alice Pézerat, Emma Viallet

Directrice des partenariats média
Émilie Degrace

Directeur des nouveaux produits
Pierre-Olivier Cazenave

Rédactrice en chef magazine
Élisa Thévenet

Rédaction
Émilie Écharoux, Sophie Kloetzli, Pablo Maillé, Mathilde Simon

Social media manager
Hugo Saadi – avec Charlène Deveaux

Product owner junior
Rose Léotard

Responsable administratif et financier
Marion Rhoum

Ont contribué à ce numéro

Direction artistique
The Shelf Company

Secrétaires de rédaction
Typhaine Garnier et Jordy Niess

Journalistes
Fabien Benoit, Chang Che, Julien Descalles, Thierry Keller, Jenna Le Bras, Lila Meghraoua, Thibault Prévost, Éric Senabre, Millie Servant

Création graphique
The Shelf Company

Illustrateurs
Taylor Callery, Coco, Tim Enthoven, Choi Haeryung, Hand of Umi, Gaëlle Hersent, Jacques Kleynhans, Jules Le Barazer, Lars Leetaru, Arthur Reinders Folmer

Illustration de couverture
Choi Haeryung

Crédits photographiques
p. 4 : © Romain P19/Shutterstock ; p. 6 : © Netflix, © PeopleImages.com – Yuri A/Shutterstock, © nimito/Shutterstock, © Drazen Zigic/Shutterstock ; p. 7 : © Tada Images/Shutterstock, © Ken Griffiths/Shutterstock, © Pavel Durov ; p. 8 : © Romain P19/Shutterstock ; p. 9 : © EnBW ; p. 12 : © Chandan Khannac/AFP ; p. 13 : © Anjali Sundaram | CNBC ; p. 14 : © Evan Vucci/Ap/SIPA ; p. 16 : © Mad Films/Dream Film ; p. 46-49 : © FinalSpark ; p. 90-92 : © Destinus ; p. 122 : © Alain Nogues/Sygma ; p. 124 : © AFP ; p. 126 : © Jean-Yves Bonvarlet ; p. 132 : © Gino Severini ; p. 156 : © France 2

Malgré toute notre bonne volonté, il ne nous a pas été possible de retrouver les propriétaires ou ayants droit de certaines images. S'ils souhaitent nous contacter, nous sommes à leur disposition.

Impression
Corlet Imprimeur
Zone industrielle ouest,
Rue Maximilien-Vox
14110 Condé-en-Normandie, France

Couverture : provenance Italie, certification FSC

Intérieur : provenance Pologne (Kostryn), certification PEFC

Hors-texte : provenance Autriche, certification PEFC
Encres : impression avec des encres végétales

Colle : Henkel à base de matériaux renouvelables et sans aucun composé nocif

Diffusion

LIBRAIRIE : Pollen
pleotard@pollen-diffusion.com /
01 43 62 08 07

ABONNEMENT :
Usbek & Rica - Service abonnements
45 avenue du Général Leclerc
60643 Chantilly Cedex
relationclient@usbeketrica.com /
01 85 00 22 30

Usbek & Rica
98, boulevard de Sébastopol,
75003 Paris
(contact@usbeketrica.com)

CPPAP : 0921 I 91602
ISSN : 2112-44-42
ISBN : 978-2-487453-02-9
Dépôt légal : octobre 2024
Date de publication : octobre 2024

Abonnement

Comment s'abonner à FUTU&R

Prenez-le en main !

Vous aimez lire *FUTU&R* ?
Abonnez-vous à notre magazine !
Au menu chaque trimestre :
156 pages de rencontres avec des personnalités iconoclastes, de débats d'idées excitants, de reportages dans des lieux où s'invente l'avenir, etc.

Pour toute question, veuillez nous envoyer un mail à l'adresse suivante :
relationclient@usbeketrica.com

Abonnez-vous

ou rendez-vous sur
www.usbeketrica.com

Prochain numéro à paraître le:

16 janvier 2025

Réconcilier l'humain et la tech

Illustration
Lena Vargas

Texte
Lila Meghraoua

Avatars, smartphones, agents conversationnels, caméras de surveillance dopées à l'intelligence artificielle… La technologie s'invite dans nos villes, nos entreprises, nos foyers et nos relations les plus intimes. Une omniprésence qui inquiète et fascine. Quand les uns prédisent un futur dystopique où les IA conscientes auront surpassé l'homme, les autres délèguent à cette révolution technologique le soin de résoudre tous nos problèmes. Et si la réponse se trouvait dans une troisième voie plus nuancée? Une voie qui ferait le pari de la coopération, où il serait possible de prendre en main son destin technologique en replaçant l'humain au cœur des usages et des ambitions de la révolution en cours.

« *La technique, c'est la civilisation elle-même. Ce n'est pas un corps étranger dont on se demande ce qu'il fait là* », alertait en 2018 le philosophe Bruno Latour. C'est dans cette perspective que nous avons lancé sur notre plateforme, à l'automne 2023, un cycle de huit articles rédigés en partenariat avec Onepoint, architecte des grandes transformations des entreprises et des acteurs publics depuis plus de vingt ans. Cette série, sous le titre « Recherches impliquées », incarne la vision de leurs chercheurs et experts et explore des futurs où l'humain et le progrès technologique marchent de concert. Mais en 2024, les enjeux qui entourent les smart cities, les données personnelles ou l'urgence de la transition écologique et de la formation évoluent si vite qu'il nous a semblé indispensable de réinterroger les questions brûlantes qu'ils soulèvent.

Dans ce dossier, nous nous projetons en 2040 pour étudier l'impact de nos choix technologiques sur nos trajectoires sociétales et proposer des solutions concrètes pour faire de la tech un allié du progrès social et de la croissance économique. Avec l'envie de démontrer que lorsque la recherche s'implique et rencontre le monde de l'entreprise, il est tout à fait possible d'envisager un futur durable et qui profite à tous.

Dossier coordonné par
Émilie Degrace
Julien Mussat
Cassandra Paléologue

Réinventer la smart city

Promu dans les années 2010 comme un idéal urbain, le concept de smart city a connu après quelques expérimentations une traversée du désert. Au gré du développement du digital – notamment dans les secteurs de la mobilité, de la santé ou du travail –, les villes se sont pourtant dotées d'infrastructures numériques, visibles et invisibles, qui enregistrent les moindres faits et gestes des habitants. Comment s'assurer que cette connaissance – ces téraoctets de données – serve réellement les citoyens ?

90

milliards de dollars

C'est le montant des investissements mondiaux prévus dans les technologies urbaines en 2024.
(Idate, 2023)

Scénario I

Que se passerait-il dans le pire des cas ?

Les faits : Février 2021. La ville de Vendôme cède son nom à LVMH contre 10 000 euros et des emplois. Un accord (finalement invalidé par l'INPI) qui préfigure la privatisation des lieux culturels et sportifs, rebaptisés sous la bannière de grandes marques (Accor, Adidas, etc.).

La fiction : Libération, *4 janvier 2043*

Née entre 2005 et 2008, la smart city connaît dans les années 2010 plusieurs déclinaisons ultra-technologiques, portées par les éditeurs informatiques de l'époque (Cisco, IBM, Intel). Faute d'attirer des résidents, Masdar City, Songdo ou Konza Technopolis sombrent dans l'obscurité. Pour autant, les villes poursuivent discrètement leur numérisation, comme le pointait en 2022 dans la revue *Constructif* l'architecte et historien Antoine Picon : *« La ville intelligente, en tant que grande promesse révolutionnaire, a déçu. En revanche, en tant que réalité quotidienne, elle passe désormais presque inaperçue. »*

Une quinzaine d'années plus tard, la cité a achevé sa mue sous l'instigation des Big Tech, qui, brique par brique, ont numérisé chaque service public. Une colonisation insidieuse qui soulève les inquiétudes du C40 Cities (réseau mondial de cent maires). *« Berlin a complètement perdu le contrôle de ses données »*, témoigne sous couvert d'anonymat l'un des élus de la capitale allemande, qui accuse de *« racket »* l'entreprise TXL Tech, propriétaire des infrastructures numériques de toute la ville. La firme vient de lancer un abonnement à ses services numériques urbains pour la bagatelle de… 100 euros.

Scénario 2

Que se passerait-il dans le meilleur des cas ?

<u>Les faits</u>: En 2029, le quartier « le plus smart du monde » selon le New York Times *sortira de terre : le Brainport Smart District de Helmond (Pays-Bas). Un quartier évolutif dopé aux données urbaines (propriété des habitants) pour assurer une meilleure participation citoyenne.*

<u>La fiction</u> : Libération, *20 mars 2042*

« Le chemin a été long, semé d'embûches. Mais nous y sommes enfin arrivés », soupire, épuisée, la maire de Paris, Camille Delpire. Ce cri du cœur salue un accord historique scellant le partenariat entre une cinquantaine de grandes villes européennes en faveur d'*« une ville open source, participative et citoyenne »*. Grâce à un programme pilote ambitieux de services urbains connectés mené à travers tout le continent, les cinquante édiles ont rédigé un document cadre énonçant les principes de la smart city à l'européenne : transparente, sûre, flexible et sans frontières.

À Marseille, les quartiers se sont organisés en coopérative de données. Ici, les données urbaines appartiennent aux habitants, qui ont fait le choix de les agréger au sein d'une coopérative. *« Ça nous permet de savoir où nos données vont et de décider qui les utilise pour quelle finalité,* indique Miri H. *Si c'est pour remonter des problèmes plus rapidement, c'est encore mieux ! »* Et ça marche : *« On avait des factures d'eau pas possibles. À l'aide de ces données, ils ont repéré la fuite beaucoup plus vite et ça nous a coûté moins cher »*, s'enthousiasme-t-elle.

« La technologie peut réconcilier les enjeux politiques et écologiques et permettre le vivre-ensemble »

Christine Le Brun
leader Smart Cities & Places chez Onepoint

Une proposition pour les générations futures

« Une smart city est une ville dont on prend le pouls en continu pour border et garantir son évolution, en fonction des besoins des citoyens », explique Christian Westphal, leader IA et Industrie 4.0 chez Onepoint. Une vision très organique d'une cité connectée et évolutive grâce aux capteurs, caméras et infrastructures numériques. Côté pile, cette connaissance fine présage l'expérience d'une ville personnalisée selon le style de vie et les aspirations de chacun et pouvant s'adapter aux besoins de la société. Côté face, la collecte de données *« sans finalité et sans stratégie »* menace le citoyen d'*« une automatisation à outrance de son existence »* par le biais des services numériques déployés par des acteurs privés.

Charge aux collectivités de *« penser une gouvernance de la donnée* [produite par la ville] *et de son acquisition »* et de s'affranchir de toute dépendance massive envers les éditeurs de logiciels, *« pour pouvoir s'interdire d'ouvrir certaines portes en cas de risques »*. Citons l'exemple de YOLO, un modèle d'IA qui peut interpréter des flux vidéo en temps réel. Lorsque son créateur a identifié ses potentielles applications militaires, il a choisi de ne plus participer aux évolutions du modèle.

Cette approche réflexive fait son chemin auprès des collectivités, remarque Christine Le Brun, leader Smart Cities & Places chez Onepoint. Elle évoque le cas d'Ekitia, qui fédère les collectivités *« afin qu'elles réfléchissent aux bonnes pratiques en matière d'exploitation des données »*. Dans la même lignée, Nancy Métropole a mis en place une charte de la donnée métropolitaine qui guide les directives des marchés publics. Sans cette vigilance et cette transparence, la ville intelligente échouera à servir son premier client : le citoyen. •

Allier entreprise et transition écologique

Sous l'impulsion de la loi Pacte de 2019, le « club » des entreprises à mission compte en 2024 plus de 1 600 membres en France. Une bonne nouvelle ? Pas tout à fait. Pour l'heure, 80 % d'entre elles sont des PME. Grevées par une culture qui prise le développement économique au détriment de la transition écologique, les grandes entreprises peinent à amorcer le changement. Et si les sciences humaines – en particulier les neurosciences et l'ethnologie – redessinaient les normes, affects et représentations propres à l'entreprise pour accélérer la transition écologique ?

Scénario I

Que se passerait-il dans le pire des cas ?

Les faits : D'après le chercheur de l'UC Riverside, Shaolei Ren, auteur d'une étude sur les besoins hydriques de l'intelligence artificielle, celle-ci consommera autant que la moitié de la population du Royaume-Uni pour assouvir la soif de ses data centers d'ici à 2027.

La fiction : France Culture, le 17 mars 2043

Finito, Schluss, over... La multinationale française Relza vient de mettre la clé sous la porte. Pour cette dernière, la coupable est toute désignée : la loi Pacte VI, qui oblige depuis 2032 toute entreprise à atteindre les objectifs ESG fixés par la loi française, sous peine de devoir verser 5 % de son chiffre d'affaires.

Seulement voilà, Relza n'a pas respecté les quotas et a été condamnée à payer 1 milliard d'euros de dédommagement à l'État français. La multinationale a basé toute sa transition environnementale et sociale sur des outils technologiques, mesurant et projetant l'impact carbone de l'ensemble de ses départements. *« On pensait que tout était bordé,* confie au *Monde* l'un des employés du fleuron français. *Les logiciels de la boîte permettent de se faire tout de suite une idée de ce qu'on a consommé de notre capital carbone mensuel. »* Relza a oublié que dans la vie, rien n'est gratuit. Ces mêmes algorithmes « écolos » dépensent pour fonctionner une quantité astronomique d'eau et d'électricité qui n'était pas comptabilisée...

Depuis le 1er janvier 2024, la CSRD (Corporate Sustainability Reporting Directive) impose aux grandes entreprises et aux PME cotées en Bourse de **mesurer et publier leur impact social et environnemental**, sous la forme d'un rapport annuel de durabilité.

Scénario 2

Que se passerait-il dans le meilleur des cas ?

Les faits : Le groupe LEGO lie les primes annuelles de tous ses employés à la réalisation des objectifs de performance environnementaux et sociaux de l'entreprise.

La fiction : Mail du 4 février 2042

Objet : Prime de performance ESG 2041

« Cher M. Delorme, après un examen minutieux de vos indicateurs de performance individuelle, collective et ESG, nous avons le plaisir de vous informer qu'une prime de performance environnementale, sociale et de gouvernance d'un montant de 3460 euros va vous être accordée.

Sur l'item « Impacts directs, facteurs de perte de la biodiversité de mon business model », vous avez atteint 80 % des objectifs grâce au changement du modèle économique de notre projet en station de ski.

Pour rappel, cette prime s'inscrit dans le cadre du grand plan de transformation culturelle 2038-2042 mis en place par l'entreprise pour répondre aux exigences de la loi Pacte VI du 6 septembre 2032. Elle est indexée sur une variable de rémunération établie avec votre manager en fin d'année. Vous pouvez, jusqu'au 7 décembre, nous indiquer si vous souhaitez placer cette somme sur votre PEE. Autrement, celle-ci sera versée sur votre salaire du mois de janvier.

Veuillez agréer, M. Delorme, toute notre considération. »

Une proposition pour les générations futures

« L'écologie est encore en dessous de l'économie, de la consommation ou de la représentation de soi, déplore Hugo Deschamps, ethnologue au sein du cabinet Onepoint. *Il faut changer la hiérarchie des grandeurs. »* Pour que prime la transition écologique face à la course aux profits et aux enjeux de notoriété.

Mais qui va lentement va sûrement. *« Tout nouvel apprentissage s'appuie sur une restructuration dans le cerveau et demande un effort,* explique Alexandra Delmas, chercheuse en sciences cognitives chez Onepoint. *Il faut inhiber le circuit de la menace, pour se projeter dans le circuit du plaisir. » « C'est en activant les leviers de la contrainte et ceux de l'envie que l'on parviendra à impulser des changements »*, poursuit Hugo Deschamps.

Dès lors, pourquoi ne pas évaluer les propositions commerciales par un score de contribution à la transition écologique ? Tout nouveau contrat devrait se conformer à la stratégie de transition écologique de l'entreprise et serait soumis à un système de bonus-malus. Évidemment, *« pour que ça fonctionne, le collaborateur doit y trouver son intérêt »*, précise l'ethnologue. Et le chercheur d'imaginer une prime de performance attribuée selon des objectifs environnementaux et sociaux. Autre piste : transformer la gouvernance pour mettre la transition écologique au cœur des décisions, en désignant un membre du conseil d'administration chargé de défendre les intérêts de l'environnement, à l'instar de la marque Faith in Nature. Autant d'idées qui rappellent que les sciences humaines et sociales ont le pouvoir de changer en profondeur l'entreprise. •

En septembre 2022, la marque de cosmétique britannique Faith in Nature a nommé **un représentant de la nature** dans son conseil d'administration.

Sensibiliser aux enjeux des données personnelles

230, c'est le nombre moyen d'entreprises qui auraient accès aux informations d'un internaute américain par le biais de la plateforme de publicité de Facebook. Un chiffre bien moindre en Europe en raison du RGPD, qui impose aux sites de demander systématiquement le consentement des utilisateurs. Hélas, ce règlement ne peut pas grand-chose face à l'internaute qui, par confort, inconséquence ou habitude, cédera en un clic l'accès à ses données personnelles. Une manne pour les hackeurs, data brokers et publicitaires.

Scénario I

Que se passerait-il dans le pire des cas?

Les faits: En Suisse, des sociétés, à l'instar d'Intrum, octroient des « credit scores » aux citoyens en exploitant les informations publiques et privées fournies par leurs partenaires (commerçants, opérateurs téléphoniques…). Une note qui peut vous interdire certaines modalités de paiement.

La fiction: Message WhatsApp de Marie B. à sa mère, 27 janvier 2041

« Maman, help ! J'ai vu ton MMS avec la réponse de l'assurance. C'est la poisse! Je comprends pas ce qui se passe. Je viens de les avoir au téléphone. La dame du service client m'a expliqué que ma note (???!) n'était pas bonne. Mais quelle note ? J'ai passé le permis il y a un mois, et je leur demande d'assurer ma première voiture mdr ! En vrai, j'ai rien compris, je crois que mon profil de future conductrice est associé à un score de fiabilité. J'ai appelé Amel, qui a bossé dans une assurance cet été. Apparemment, ils rachètent des données sur des applications qui n'ont rien à voir avec la choucroute (genre Lime et compagnie), et c'est comme ça qu'ils te filent une note… C'est du délire ! Tu peux les appeler et tu me dis ? J'ai pas envie de squatter ta voiture, mais si je ne peux pas assurer la mienne, je ne vois pas trop comment je peux faire… »

État civil, numéro de Sécurité sociale… En février 2024, plus de la moitié de la population française a été victime d'une fuite de données personnelles.

Scénario 2

Que se passerait-il dans le meilleur des cas ?

Les faits : *En 2015, l'inventeur du Web Tim Berners-Lee lance Solid, une plateforme qui a pour objectif de nous aider à reprendre le contrôle de nos données personnelles en les stockant et les distribuant.*

La fiction : *Reportage dans une école qui enseigne l'OSINT, diffusé sur France Inter, le 3 septembre 2040*

Dans le collège Louis-Aragon d'Amiens, en ce 3 septembre 2040, la rentrée des classes bat son plein. L'été est fini, mais les enfants affichent tous une mine réjouie. Bien sûr, il y a les retrouvailles avec les copains et les copines pas vus depuis des semaines. Mais il y a surtout la perspective du premier cours de technologie. Sur le tableau-écran s'étale le mot OSINT, pour Open Source INTelligence, en grandes lettres noires. *« Ils ont raison d'être contents, témoigne leur professeur, Étienne Lascar. L'OSINT, c'est comme jouer à Sherlock Holmes sur les Internet. »*

En début de cours, les élèves se sont vu confier un problème. *« Bonne rentrée ! Votre mission, si vous l'acceptez : apprenez à faire connaissance avec votre voisin de classe. Voici son prénom et son nom. Vous avez un ordinateur et une connexion Internet pour décliner son portrait. On se retrouve dans une heure ! Les anecdotes sont bienvenues. »*

Une proposition pour les générations futures

L'OSINT, *« c'est l'art de faire le tri dans toutes les informations disponibles en ligne »*, résume Julien Dufée, leader Cybersécurité chez Onepoint. Cette discipline part d'un principe simple : tout ce qui est accessible en ligne – état civil, adresse postale, données personnelles qu'abritent les profils des réseaux sociaux – peut servir à l'investigation.

« Les entreprises ont recours à l'OSINT, en particulier dans la gestion de leur cybersécurité et la veille économique et technologique », explique Jean Mouchotte, ingénieur et doctorant en cybersécurité chez Onepoint. *« Ça permet notamment de détecter les vulnérabilités présentes en ligne »*, précise Julien Dufée.

Outre la prévention des risques cyber, l'OSINT pose en creux la question de notre rapport aux données. *« Nous avons perdu conscience de l'impact des données personnelles et de leur temporalité,* rappelle le chercheur. *Une information inoffensive aujourd'hui peut se retourner contre nous demain. »* Et pourquoi ne pas imaginer une formation à l'OSINT systématique en entreprise pour sensibiliser les collaborateurs à l'importance des données ? Une manière aussi pour le secteur privé de se préserver de brèches de cybersécurité absurdes qui sont à 90 % le fait d'erreurs humaines... •

+20 %
par an

C'est la croissance moyenne du marché de l'OSINT (Open Source Intelligence) d'ici à 2030.

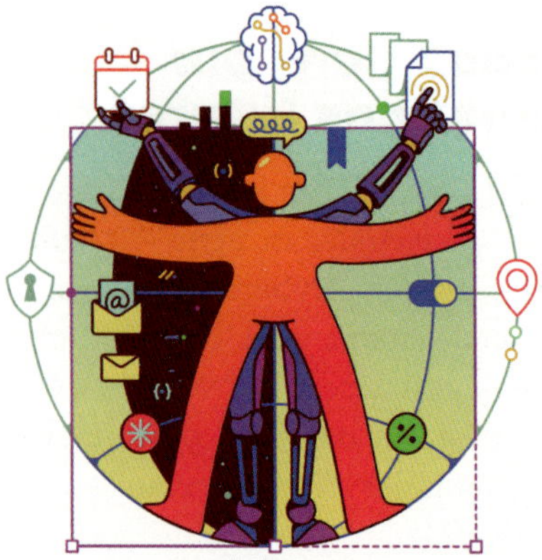

Confier notre apprentissage à une IA

MIA Seconde, c'est le petit nom de la nouvelle meilleure amie des élèves de seconde depuis la rentrée de septembre 2024. Cette application d'apprentissage adaptatif, déployée par le ministère de l'Éducation nationale, s'appuie sur l'intelligence artificielle pour offrir des exercices de rattrapage en français et en maths, conçus selon le profil de l'apprenant. En entreprise, les avancées technologiques en matière d'IA ouvrent aussi la porte à une formation continue hyper-personnalisée. Dans les labos de recherche, on rêve de modèles capables de cerner le profil des apprenants et de proposer des parcours d'apprentissage sur mesure. Une révolution prometteuse, qui soulève toutefois des questions d'éthique, de libre arbitre et d'inclusion.

Scénario I

Que se passerait-il dans le pire des cas ?

Les faits : En mai 2024, une étude commandée par le gouvernement néerlandais alerte sur le caractère discriminant des outils d'apprentissage adaptatif pour les élèves. En cause ? Les algorithmes peinent à identifier les troubles de l'attention et la dyslexie.

La fiction : Mail du 12 octobre 2045 – Réponse négative après analyse du profil d'apprentissage du candidat #342

« Madame, nous vous remercions de l'intérêt que vous avez manifesté pour le poste de programmatrice DAED actuellement à pourvoir au sein de notre entreprise. Après un examen attentif de votre candidature, nous avons le regret de vous informer que nous ne l'avons pas retenue.

Comme notre chargé e-recrutement a dû vous l'expliquer, nos entretiens d'embauche ainsi que les journées de formation et d'immersion en entreprise auxquelles vous avez participé sont captés puis analysés par notre algorithme d'anticipation de compétences Marvin Learning & Careers. Il a détecté que votre future trajectoire d'apprentissage ainsi que votre courbe d'acquisition de compétences ne correspondaient pas aux standards attendus pour ce poste.

Nous vous souhaitons de trouver rapidement un emploi répondant à votre expérience et à votre profil d'apprenant. Nous vous prions d'agréer, Madame, nos sincères salutations. »

7 **Français sur 10** pensent que les métiers de demain sont encore à inventer.

Étude Onepoint et Kantar Public sur le futur du travail, mars 2022

Scénario 2

Que se passerait-il dans le meilleur des cas ?

Les faits : Février 2024. Un développeur russe annonce son mariage grâce à une IA coach. L'algorithme a matché avec 5 000 femmes puis joué Docteur Love avec ChatGPT pour composer et relancer les conversations. À quand une IA, Docteur Job ?

La fiction : 10 juillet 2040

« Émilie, votre rendez-vous démarre dans quinze minutes. Le temps de réviser "Introduction à l'IA quantique, II". Pour commencer l'exercice, swipez à droite. » Voilà plus de dix ans que les assistants de carrière ont fait leur entrée dans nos vies. En trois ans ponctués de sessions de microlearning, Émilie a mis à jour ses connaissances en gestion de projet, atteint un niveau d'italien suffisant pour échanger avec ses collègues transalpins et s'est familiarisée aux bases de l'IA quantique, nouveau fonds de commerce de son entreprise. Au départ, elle se méfiait de cet assistant envahissant. Pas facile d'accepter qu'un algo sonde vos échanges et vos recherches et enregistre les contenus que vous visionnez le plus. Mais il faut reconnaître que Marvin – son super-algo – maîtrise les subtilités de son processus d'apprentissage comme personne : il sait qu'elle est plus réceptive lorsqu'elle marche et plus à l'écoute après le dîner, il anticipe les difficultés qu'elle rencontrera dans l'obtention d'une nouvelle compétence et la prépare à les dépasser. En quelques mois, il est devenu le prof de ses rêves, sa boussole pour rester « à jour » avec son temps.

« En France, en 2023, un actif s'est formé en moyenne trente minutes par jour. Ce chiffre va être multiplié par cinq d'ici quinze ans grâce aux avancées de l'IA »

Martin Lauquin
Creative strategist et expert chez Onepoint

Une proposition pour les générations futures

En 2035, chacun devrait en moyenne exercer 2,3 emplois simultanément (Onepoint et Kantar Public, mars 2022). Une multiactivité corroborée par un présent où les travailleurs doivent d'ores et déjà se former tout au long de leur vie. L'apprentissage adaptatif s'annonce dès lors comme un atout qui pourrait prendre la forme d'un compagnon de carrière pour le travailleur de demain.

« Si aujourd'hui, l'apprentissage adaptatif est encore au stade de la recherche, il pourra devenir une réponse personnalisée et égalitaire au besoin croissant de formation continue », présage Jean Vassoyan, chercheur en IA et éducation à l'ENS Paris-Saclay et expert Onepoint. Une perspective prometteuse pour le monde du travail : *« C'est l'un des défis de l'entreprise : réussir à s'adapter à la diversité des profils et des parcours, pour permettre à chacun d'apprendre aussi efficacement que possible. »*

Pour l'heure, cependant, faute de décrypter précisément comment un individu apprend, les algorithmes de *knowledge tracing* et d'*adaptive learning* restent loin d'être suffisamment performants pour être déployés à grande échelle et se cantonnent à des contextes d'apprentissage très spécifiques, comme l'enseignement des langues ou du code informatique.

Mais si demain, un algorithme se révélait systématiquement capable de prédire les bonnes actions pédagogiques, il pourrait lui-même dessiner les trajectoires d'apprentissage des salariés. Des perspectives vertigineuses qui risqueraient de voir un candidat écarté d'un processus de recrutement par une IA non pas sur la base de ses compétences actuelles, mais de celles qu'il peinerait à développer plus tard. Charge aux entreprises d'interroger l'éthique de tels outils et de poser un cadre strict. •

Le Troupeau aveugle, cartographie de l'effondrement

Et si la fiction d'anticipation d'hier nous aidait réellement à analyser l'actualité récente ? Tentons l'expérience avec *Le Troupeau aveugle*, publié en 1972 par le Britannique John Brunner, qui multiplie les parallèles terrifiants avec notre époque.

Texte
Thibault Prévost

COMMENT LES EMPIRES du XXIe siècle s'effondrent-ils ? Tel aurait pu être le sous-titre du *Troupeau aveugle* (*The Sheep Look Up*, dans sa version originale), la simulation méticuleuse, un fait divers après l'autre, d'une « annus horribilis » politique, économique, sociale et environnementale qui s'abat sur des États-Unis en phase terminale de déliquescence. Écoanxieux, passez votre chemin : le pessimisme existentiel de John Brunner, par ailleurs auteur de près de quatre-vingt-dix romans inégaux, prend à la gorge à chaque page, âcre comme une fumée d'échappement. Plus déprimant encore : les parallèles entre sa dystopie nécrofuturiste et notre actualité (brûlante) scintillent entre les lignes.

Ce n'est plus de la SF

Dans les États-Unis de Brunner, l'air et l'eau des villes sont tellement pollués que les masques à oxygène et les purificateurs sont devenus indispensables. Chez nous, 2024 ne sera probablement que l'année la plus chaude jamais enregistrée, selon l'observatoire européen Copernicus. Mais sa Californie brûle, comme la nôtre, et l'espérance de vie des citoyens américains diminue, comme entre 2020 et 2022. Ses corporations empoisonneuses, au-dessus des lois d'un État de droit néolibéral entièrement soumis au dogme de la croissance, valent bien Nestlé, tout juste condamné à 2 petits millions d'euros après quinze ans de contamination des eaux en bouteille. Les récoltes dévastées par les catastrophes climatiques et les maladies ? Ça non plus, ce n'est plus de la SF : la France vient de connaître sa pire récolte de blé depuis des décennies, quand les vendanges sont décimées par le mildiou.

La politique spectacle délirante, incarnée par « Prexy », un président qui ne s'exprime jamais qu'en aphorismes hallucinés, n'a rien à envier à la stratégie de campagne de Donald Trump. Même la résistance écologiste, représentée par l'action directe des autonomistes « Trainites », fait écho à la mobilisation contre l'industrie agroalimentaire menée à l'été 2024 par les Soulèvements de la Terre. Les signaux faibles clignotent.

Déréliction poisseuse

Or, plus le roman avance et plus la polycrise s'étend, comme une tumeur maligne. Le désespoir et la rage enflent dans un pays transformé en bouilloire, où la violence policière et raciale répond à la violence économique et sociale (ici plane le spectre des émeutes estivales de Middlesbrough, en Angleterre, sur fond de ravages des politiques d'austérité britanniques). Les plus riches peuvent se calfeutrer dans des résidences-forteresses, déménager en Nouvelle-Zélande (destination préférée, dans notre monde, des milliardaires survivalistes de la Silicon Valley), acheter des aliments bio hors de prix chez « Puritain » ou rouler dans la « Hailey », cette voiture totem, ersatz de Tesla pour grands capitalistes verts, ils n'échapperont pas à la déréliction poisseuse. Il est trop tard pour changer le cours du désastre.

Roman choral à l'architecture fragmentée, sans héros ni antagonistes, *Le Troupeau aveugle* s'articule autour d'une vingtaine de personnages de tous milieux sociaux, dépassés par les événements, ballottés par les vents de l'apocalypse lente. Rapports scientifiques et de police, flyers publicitaires et extraits d'émissions de radio viennent s'intercaler entre les scènes à la manière d'un zapping effréné, comme pour mieux tracer les lignes de la catastrophe entre des points. Partout où l'on regarde, la situation est désespérée. Le mal qui ronge le pays est structurel : avarice des corporations, corruption des élites politiques, impunité généralisée, corps social panurgique. Une bouteille à la mer, envoyée à un demi-siècle de distance, qui nous parvient alors que les inondations et la sécheresse ravagent alternativement l'Europe et que les géants de la Silicon Valley font exploser leurs bilans carbone (qui seraient presque sept fois plus importants qu'annoncé, selon le *Guardian*) au nom d'une course folle à l'intelligence artificielle.

L'enfer du « Capitalocène »

Publié en 1972, l'année de parution du rapport Meadows sur « Les limites de la croissance », *Le Troupeau aveugle* est le troisième livre du bien nommé « quartet du Club de Rome », quatre romans consécutifs situés entre 2005 et 2025. Une saga qui débute en 1968 avec *Tous à Zanzibar*, fiction prophétique sur la surpopulation et les tueries dans les écoles (prix Hugo 1969), se poursuit en 1969 avec *L'Orbite déchiquetée*, focalisé sur la violence raciale, et termine en apothéose en 1975 avec *Sur l'onde de choc*, dans lequel Brunner anticipe la société de surveillance numérique à venir, l'émergence des hackeurs… et invente même le concept de « ver informatique ». Bourrée de trouvailles et d'avertissements prémonitoires, cette *Tétralogie noire*, publiée comme telle en 2019 chez Mnémos, préfigure la « cli-fi » (pour climate-fiction, ndlr), cette science-fiction au regard dardé sur l'enfer du « Capitalocène ». Mais peut-on encore seulement parler de fiction ? •

Plus le roman avance et plus la polycrise s'étend. Le désespoir et la rage enflent dans un pays transformé en bouilloire.

Le futur doit toujours rester un jeu d'enfant. *Usbek & Rica* vous a donc concocté quelques exercices pour entraîner votre imagination. À vos stylos !

N'hésitez pas à nous envoyer vos réponses à : **presse@usbeketrica.com**

1 . Le mot et les mots

Trouvez le terme pouvant être relié à chacun des trois mots suivants :

A . VITAL TEMPS CLIENT

B . ANTÉRIEUR GÉNÉRATIONS PROCHE

C . SUCCULENTE PIED VERTE

2 . Le scénario

Les comédiens s'entraînent à improviser en tirant au sort une poignée de mots. Dans le même esprit, pitchez un long-métrage à partir des cinq mots ci-dessous. Attention, le film en question doit être un space opera...

RÉFRIGÉRATEUR DÉMOLIR
AVATAR PSYCHOLOGIE MUSIQUE

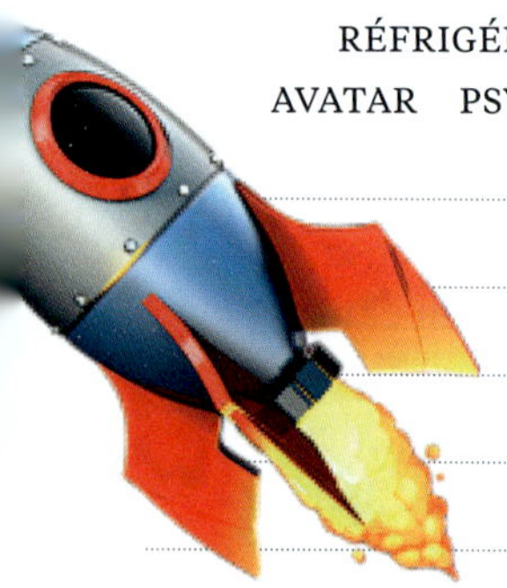

3 . La déduction

Nous sommes en 4200 après J.-C., vous visitez la nouvelle exposition du musée Karington, sur les contrebas du volcan d'Alba Mons, dans le quartier chic de la capitale martienne. Lors de sa dernière mission sur Terre, le robot X-47-Spok a rapporté un fer à lisser rouillé déterré lors d'une fouille archéologique. L'objet, exposé au musée, n'était pas livré avec la notice. Les scientifiques ont donc dû improviser et déduire l'utilité de cet appareil.

Que lisez-vous sur le cartel explicatif ?

4 . Le business plan

Vous rêvez de faire fortune ? Voici un plan en cinq étapes pour créer votre start-up et devenir millionnaire :

A . Pensez à un **objet** :

B . Listez 3 **usages** pour lesquels cet objet ne pourra jamais être utilisé :

C . Demandez-vous comment cet objet pourrait vous permettre de **répondre à l'un des usages** que vous avez identifiés ci-dessus. Listez deux ou trois idées.

D . Trouvez un **nom** à votre start-up

E . Montez un **business plan.**

Réponses du 1 : A : espace ; B : futur ; C : plante

5. La capsule temporelle

Nous sommes le 3 novembre 1957. Dans la course aux étoiles qui l'oppose aux États-Unis, l'URSS a une longueur d'avance. Vous avez 3 ans et vous êtes à bord du satellite Spoutnik 2. Vous avez décollé il y a 6 heures et votre cœur bat à tout rompre. L'oxygène commence à manquer. Vous êtes Laïka, la petite chienne sélectionnée dans le cadre du programme spatial soviétique pour prouver qu'un être vivant peut survivre à une mise en orbite. À bout de force, vous vous sentez partir…

Quel dernier message envoyez-vous aux humains sur Terre ?

6. La définition

MERDIFICATION n.f. (Traduction de l'anglais *enshitification*)

En 2023, l'écrivain Cory Doctorow utilise le néologisme « *enshitification* » pour qualifier la dégradation de qualité qui affecte au fil du temps les plateformes numériques (Facebook, TikTok, etc.).

Quelle définition farfelue pourrait-on trouver dans un dictionnaire alternatif en face de ce mot « merdification » ?

7. Le cours de l'Histoire

Reliez chaque époque à un sujet, un verbe et un complément pour changer l'ordre des choses et le cours de l'Histoire :

QUAND ?	QUI ?	QUOI ?	OÙ ?
Le 13 mars 2013	le pape François	est élu pour gouverner	le Vatican
Le 30 mai 2020	Elon Musk	lance	une fusée dans l'espace
Le 16 août 2009	Usain Bolt	pulvérise	le record du 100 m
Le 19 avril 2024	Taylor Swift	sort	son onzième album
Le 26 mai 2019	Manuel Valls	se présente	aux élections à Barcelone
800 après J.-C.	Charlemagne	est sacré	empereur
6000 avant J.-C.	les Méso-potamiens	inventent	la roue (l'essieu)
Le 16 juillet 1969	Neil Armstrong	marche sur	la Lune
1492	Christophe Colomb	découvre	l'Amérique
776 avant J.-C.	Les Grecs	lancent	les premiers JO à Olympie
Janvier 2021	Will Cutbill	empile	5 M&M's
1903	Marie Anderson	invente	les essuie-glaces
1938	Lise Meitner	découvre	la fission nucléaire

Le podcast de Benjamin Castaldi, la candidature de Tony Estanguet, la chute de Taylor Swift… Voici un avant-goût de l'actualité du trimestre à venir. Garantie sur facture.

22 OCTOBRE

Ben, l'oncle saoul

Benjamin Castaldi lance *Ben, l'oncle saoul*, un podcast en dix épisodes dans lequel il revient en long et en large sur ses excès de jeunesse.

24 OCTOBRE

Moscou d'amour

Scandale à l'Olympia. À l'issue de son spectacle « 60 ans d'amour », Mireille Mathieu fait monter sur scène François Fillon et Kanye West pour chanter l'hymne russe…

28 OCTOBRE

Estanguet président ?

« Après Paris 2024, place à France 2027 ! » On n'arrête plus Tony Estanguet : le patron du comité d'organisation des JO annonce sa candidature à la présidence de la République, avec Daphné Bürki comme directrice de campagne.

6 NOVEMBRE

La nouvelle vie de Donald

Dégoûté par sa sévère défaite face à Kamala Harris, Donald Trump part ouvrir un refuge pour chats et chiens errants à Port-au-Prince, en Haïti.

13 NOVEMBRE

Gladiator II

« Force et honneur ! » Alors que *Gladiator II* sort sur les écrans, François Ruffin et Jean-Luc Mélenchon entrent dans l'arène de l'émission *C'est politique* déguisés respectivement en rétiaire et en mirmillon.

14 NOVEMBRE

Taylor chute

- 60 % en 24 heures. L'action Nike dévisse en Bourse au lendemain de la chute de Taylor Swift sur la scène du Rogers Center de Toronto. Au moment de se fracturer la cheville, la chanteuse portait une paire de Air Force 1 rose bonbon.

24 NOVEMBRE

Ambiance musette

Le thé dansant organisé au centre administratif de Laissac-Sévérac-l'Église (Aveyron) démarrera bien à 16 heures. Entrée : 10 euros. Repas à 20 heures : 14 euros. Ambiance musette garantie.

29 NOVEMBRE

Blague Friday

Pour *« redonner la pêche aux Français »*, Laurent Ruquier propose de remplacer le Black Friday par le *« Blague Friday »*.

31 DÉCEMBRE

Vœux olympiques

Emmanuel Macron prononce ses vœux aux Français depuis la Seine, à bord d'un bateau-mouche tricolore et au son de « Parade », l'hymne olympique. *« Qui aurait pu prévoir une telle mise en scène ? »*, lance, goguenard, le président. •